Anti-inflammatorisk Køkken
Sundhed fra Gaffel til Mund

Sofie Jensen

Index

Frikadeller Tacos: 18

Indikationer: 19

Salmon Avocado Pesto Zoodles Serverer: 4 21

Ingredienser: 21

Indikationer: 21

Søde kartofler krydret med gurkemeje, æble og løg med kylling 23

Ingredienser: 23

Laks med stegte krydderurter 25

Portioner: 4 25

Ingredienser: 25

Indikationer: 25

Tofu med grøntsager 27

Portioner: 4 27

Ingredienser: 27

Indikationer: 28

Jordbær- og gedeostsalat: 29

Indikationer: 29

Gurkemeje blomkål og torskestuvning 31

Portioner: 4 31

Ingredienser: 31

Indikationer: 32

Fornøjelse af nødder og asparges 33

Portioner: 4 33

Ingredienser: 33

Indikationer: 33

Alfredo pasta med zucchini: 35

Indikationer: 35

Quinoa kylling: 37

Indikationer: 38

Spaghetti med hvidløg og græskar 40

Portioner: 4 40

Ingredienser: 40

Indikationer: 41

Dampet omelet med røde bønner og chilisauce Portioner: 1 42

Ingredienser: 42

Indikationer: 43

Sød kartoffel og kalkunsuppe 44

Portioner: 4 44

Ingredienser: 44

Indikationer: 45

Grillet laks med miso 46

Portioner: 2 46

Ingredienser: 46

Indikationer: 46

Sauteret filet 48

Portioner: 6 48

Ingredienser: 48

Indikationer: 48

Hvid fiskesuppe med grøntsager 50

Portioner: 6 til 8 50

Ingredienser: 50

Indikationer: 50

Muslinger med citron 52

Portioner: 4 52

Ingredienser: 52

Indikationer: 52

Laks, lime og chili 53

Portioner: 2 53

Ingredienser: 53

Indikationer: 53

Tun- og ostepasta 54

Portioner: 3-4 54

Ingredienser: 54

Indikationer: 54

Strimler af fisk i kokosskorpe 56

Portioner: 4 56

Ingredienser: 56

Indikationer: 57

Portioner af mexicansk fisk: 2 58

Ingredienser: 58

Indikationer: 58

Tortilla med agurkesauce 60

Portioner: 4 60

Ingredienser: 60

Citronzoodles med rejer 62

Portioner: 4 62

Ingredienser: 62

Indikationer: 63

Sprøde rejer 64

Portioner: 4 64

Ingredienser: 64

Indikationer: 64

Grillet havaborre 65

Portioner: 2 65

Ingredienser: 65

Indikationer: 65

Lækker lakseportioner: 4 67

Ingredienser: 67

Indikationer: 67

Krydret torsk 68

Portioner: 4 68

Ingredienser: 68

Indikationer: 68

Røget omelet 70

Portioner: 2 70

Ingredienser: 70

Indikationer: 70

Tun og skalotteløg 72

Portioner: 4 72

Ingredienser: 72

Indikationer: 72

Rejer med citron og peber 74

Portioner: 2 74

Ingredienser: 74

Indikationer: 74

Cajun laks portioner: 2 76

Ingredienser: 76

Indikationer: 76

Laks med quinoa og grøntsager 77

Portioner: 4 77

Ingredienser: 77

Sprød hvid fisk Portioner: 4 79

Ingredienser: 79

Indikationer: 79

Laksefrikadeller Portioner: 4 80

Ingredienser: 80

Indikationer: 81

Lækre rejer 82

Portioner: 4 82

Ingredienser: 82

Indikationer: 83

Krydret bagt fisk 84

Portioner: 5 84

Ingredienser: 84

Indikationer: 84

Tun med paprika Portioner: 4 85

Ingredienser: 85

Indikationer: 85

Fiskeboller Portioner: 2 86

Ingredienser: 86

Indikationer: 86

Pocherede kammuslinger med honning 87

Portioner: 4 87

Ingredienser: 87

Indikationer: 87

Torskefileter med shiitakesvampe 89

Portioner: 4 89

Ingredienser: 89

Indikationer: 89

Grillet hvid havbars 91

Portioner: 2 91

Ingredienser: 91

Indikationer: 91

Bagt kulmule med tomat 93

Portioner: 4-5 93

Ingredienser: 93

Indikationer: 93

Pocheret kuller med rødbeder 95

Portioner: 4 95

Ingredienser: 95

Laks med kaffir lime 97

Portioner: 8 97

Ingredienser: 97

Indikationer: 97

Mørt laks i sennepssauce 99

Portioner: 2 99

Ingredienser: 99

Indikationer: 99

Krabbe salat 101

Portioner: 4 101

Ingredienser: 101

Indikationer: 101

Bagt laks med misosauce 102

Portioner: 4 102

Ingredienser: 102

Indikationer: 102

Bagt torsk dækket af urter med honning Portioner: 2 104

Ingredienser: 104

Indikationer: 104

Torsk blandet med parmesan Portioner: 4 106

Ingredienser: 106

Indikationer: 106

Sprøde hvidløgsrejer 107

Portioner: 4 107

Ingredienser: 107

Indikationer: 107

Cremet havbarsblanding Portioner: 4 108

Ingredienser: 108

Indikationer: 108

Agurk Ahi Poke 109

Portioner: 4 109

Ingredienser: 109

Cremet Tilapia 111

Portioner: 4 111

Ingredienser: 111

Indikationer: 111

Havaborre med ingefær 113

Portioner: 4 113

Ingredienser: 113

Indikationer: 113

Kokos rejer 114

Portioner: 4 114

Ingredienser: 114

Svinekød med græskar og muskatnød 116

Portioner: 4 116

Ingredienser: 116

Indikationer: 117

Ris med rejer med smør og citron 118

portioner: 3 118

Ingredienser: 118

Indikationer: 118

Rejer og limeflader med zucchini og majs Portioner: 4 120

Ingredienser: 120

Indikationer: 121

Blomkålssuppe 122

Portioner: 10 122

Ingredienser: 122

Indikationer: 122

Sorte bønneburgere med søde kartofler Portioner: 6 124

Ingredienser: 124

Indikationer: 125

Kokossvampesuppe 127

Portioner: 3 127

Ingredienser: 127

Indikationer: 127

Frugtsalat om vinteren 129

portioner: 6 129

Ingredienser: 129

Indikationer: 129

Honning kyllingelår med gulerødder 131

Portioner: 4 131

Ingredienser: 131

Indikationer: 131

Kalkun chili 133

portioner: 8 133

Ingredienser: 133

Indikationer: 134

Linsesuppe med krydderier 135

Portioner: 5 135

Ingredienser: 135

Indikationer: 135

Hvidløg kylling og grøntsager 137

portioner: 4 137

Ingredienser: 137

Indikationer: 138

Røget laksesalat 139

Portioner: 4 139

Ingredienser: 139

Indikationer: 140

Shawarmabønnesalat 142

portioner: 2 142

Ingredienser: 142

Indikationer: 143

Stegte ris med ananas 145

portioner: 4 145

Ingredienser: 145

Indikationer: 146

Linse suppe 148

portioner: 2 148

Ingredienser: 148

Indikationer: 149

Lækker tunsalat 151

portioner: 2 151

Ingredienser: 151

Indikationer: 151

Aioli med æg 153

portioner: 12 153

Ingredienser: 153

Indikationer: 153

Spaghetti med urtesvampesauce Ingredienser: 155

Indikationer: 155

Miso og shitakesuppe med skalotteløg 158

Ingredienser: 158

Grillet omelet med hvidløg og persillekrydderi 160

Ingredienser: 160

Indikationer: 160

Blomkål og karry kikærteruller: 162

Indikationer: 163

Boghvede nudelsuppe 165

portioner: 4 165

Ingredienser: 165

Indikationer: 166

Laksesalat 167

portioner: 1 167

Ingredienser: 167

Indikationer: 167

Grøntsagsdukke 169

portioner: 4 169

Ingredienser: 169

Indikationer: 170

Rejer i hvidløg og citron 172

portioner: 4 172

Ingredienser: 172

Indikationer: 172

Forårsrulle ingredienser: 173

Kold soba med misosauce Ingredienser: 175

Indikationer: 176

Bagte blomkåls- og bøffelstykker 177

Portioner: 2 177

Ingredienser: 177

Indikationer: 177

Hvidløg kyllingeflad med basilikum og tomat 179

Portioner: 4 179

Ingredienser: 179

Indikationer: 180

Portioner af cremet gurkemeje blomkålssuppe: 4 181

Ingredienser: 181

Indikationer: 182

Brune ris med søde kartofler, champignon og kål 183

Ingredienser: 183

Bagt tilapia med pekannødder og rosmarin 185

Ingredienser: 185

Omelet med sorte bønner 187

portioner: 2 187

Ingredienser: 187

Indikationer: 187

Hvidbønnekylling med vintergrøntsager 189

Ingredienser: 189

Indikationer: 190

Portioner af bagt laks med krydderurter 191

portioner: 2 191

Ingredienser: 191

Indikationer: 191

Kyllingesalat med græsk yoghurt 193

Ingredienser: 193

Indikationer: 193

Kikærtesalat 194

Ingredienser: 194

Indikationer: 195

Valenciansk salat 196

portioner: 10 196

Ingredienser: 196

Indikationer: 197

Særlig energisuppe 198

Rationer:4 198

Ingredienser: 198

Indikationer: 199

Laks, miso og grønne bønner 200

portioner: 4 200

Ingredienser: 200

Indikationer: 200

Porre, kylling og spinatsuppe 202

portioner: 4 202

Ingredienser: 202

Indikationer: 202

Mørke chokoladebomber 204

portioner:24 204

Ingredienser: 204

Indikationer: 204

Italiensk fyldte peberfrugter 206

Portioner: 6 206

Ingredienser: 206

Indikationer: 207

Røget omelet pakket ind i salat 208

Portioner: 4 208

Ingredienser: 208

Indikationer: 209

Deviled Egg Salat: 210

Indikationer: 210

Bagt kylling med sesam-tamari og grønne bønner 212

Ingredienser: 212

Indikationer: 212

Ingefær kyllingegryderet 214

portioner: 6 214

Ingredienser: 214

Indikationer: 215

Cremet garbanzo salat: 216

Indikationer: 217

Frikadeller Tacos:

Frikadeller:

1 pund magert hakket oksekød (under ethvert hakket kød såsom svinekød, kalkun eller kylling)

1 æg

1/4 kop finthakket grønkål eller sprøde krydderurter som persille eller koriander (dit valg)

1 tsk salt

1/2 tsk sort peber

Taco skåle

2 kopper enchiladasauce (vi bruger specialfremstillet) 16 frikadeller (fiksering nævnt ovenfor)

2 kopper kogte ris, hvide eller mørke

1 avocado, skåret i skiver

1 kop Salsa eller Pico de Gallo købt lokalt 1 kop revet ost

1 Jalapeño, skåret i tynde skiver (valgfrit)

1 spsk koriander, skåret i små stykker

1 lime, skåret i skiver

Omelet Chips, til servering

Indikationer:

1. At oprette/fryse

2. Kombiner hakkebøffer, æg, kål (hvis du bruger), salt og peber i en stor skål. Bland med hænderne, indtil det er glat.

Form til 16 bøffer med ca. 1 cm mellemrum og læg dem på en bageplade beklædt med aluminiumsfolie.

3. Hvis den bruges inden for et par dage, skal den opbevares på køl i op til 2 dage.

4. Hvis du fryser, skal du stille en aluminiumsbeholder i køleskabet, indtil kartoflerne er faste. Flyt til en køletaske. Frikadellerne holder sig i køleskabet i 3-4 måneder.

5. Køkken

6. I en mellemstor gryde bringes enchilada-saucen til at simre lavt. Medtag frikadellerne (der er ingen tvingende grund til at tø først op, hvis frikadellerne var det

størknet). Kog frikadellerne, indtil de er gennemstegte, 12 minutter, hvis de er sprøde, og 20 minutter, når de er faste.

7. Mens frikadellerne koger, forbereder du forskellige tilberedninger.

8. Stable tacoskåle med ris med frikadeller og salsa, avocado i tern, salsa, cheddar, jalapeñokiler og koriander. Server med limeskiver og tortillachips.

Salmon Avocado Pesto Zoodles Serverer: 4

Tilberedningstid: 25 minutter

Ingredienser:

1 spiseskefuld pesto

1 citron

2 frosne/friske laksefileter

1 stor zucchini, rullet

1 spsk sort peber

1 avocado

1/4 kop parmesan, revet

Italiensk dressing

Indikationer:

1. Forvarm ovnen til 375 F. Krydr laksen med italiensk krydderi, salt og peber og bag i 20 minutter.

2. Kom avocadoerne i skålen sammen med en skefuld peber, citronsaft og en skefuld pesto. Mos avocadoerne og stil til side.

3. Kom zucchininudlerne på en serveringsplade, efterfulgt af avocadoblandingen og laksen.

4. Drys med ost. Tilføj mere pesto, hvis det er nødvendigt. God fornøjelse!

Ernæringsoplysninger: 128 kalorier 9,9 g fedt 9 g i alt kulhydrater 4 g protein

Søde kartofler krydret med gurkemeje, æble og løg med kylling

Portioner: 4

Tilberedningstid: 45 minutter

Ingredienser:

2 spsk usaltet smør, stuetemperatur 2 mellemstore søde kartofler

1 stort Granny Smith æble

1 mellemstor løg, skåret i tynde skiver

4 udbenede kyllingebryst med skind på

1 tsk salt

1 tsk gurkemeje

1 tsk tørret salvie

¼ tsk friskkværnet sort peber

1 kop æblecider, hvidvin eller hønsebouillonIndikationer:

1. Forvarm ovnen til 400° F. Smør bageplade med smør.

2. Læg de søde kartofler, æble og løg i et enkelt lag på bagepladen.

3. Læg kyllingen med skindsiden opad og krydr med salt, gurkemeje, salvie og peber. Tilsæt cideren.

4. Rist på 35-40 minutter. Fjern, lad hvile i 5 minutter og server.

Ernæringsoplysninger:Kalorier 386 Fedt i alt: 12 g Total kulhydrater: 26 g Sukker: 10 g Fiber: 4 g Protein: 44 g Natrium: 932 mg

Laks med stegte krydderurter

Portioner: 4

Tilberedningstid: 5 minutter

Ingredienser:

1 pund laksefilet, skyllet 1/8 tsk cayennepeber 1 tsk chilipulver

½ tsk spidskommen

2 fed hvidløg, hakket

1 spsk olivenolie

¾ teskefuld salt

1 tsk friskkværnet sort peber

Indikationer:

1. Forvarm ovnen til 350 grader F.

2. Kombiner cayennepeber, chilipulver, spidskommen, salt og sort peber i en skål. At lade være

3. Dryp olivenolie over laksefileten. Gnid på begge sider. Gnid hvidløget og den tilberedte krydderiblanding. Lad stå i 10 minutter.

4. Efter at have ladet smagene smelte sammen, forberede en bageplade.

Varm olivenolien op. Når den er varm, krydrer du laksen i 4 minutter på begge sider.

5. Overfør gryden til ovnen. Bages i 10 minutter. At tjene.

Ernæringsoplysninger:Kalorier 210 Kulhydrater: 0 g Fedt: 14 g Protein: 19 g

Tofu med grøntsager

Portioner: 4

Tilberedningstid: 20 minutter

Ingredienser:

2 store zucchini, skåret i ¼-tommer skiver

2 store sommersquash, skåret ¼-tommer tyk 1 pund fast tofu, skåret i 1-tommers terninger

1 kop grøntsagsfond eller vand

3 spiseskefulde ekstra jomfru olivenolie

2 fed hvidløg, skåret i skiver

1 tsk salt

1 tsk italiensk urteblanding

¼ tsk friskkværnet sort peber

1 spiseskefuld frisk basilikum i tynde skiver

Indikationer:

1. Forvarm ovnen til 400°F.

2. Kombiner zucchini, squash, tofu, bouillon, olie, hvidløg, salt, italiensk urteblanding og peber i en stor ovnfast fad og vend godt rundt.

3. Rist på 20 minutter.

4. Drys med basilikum og server.

Ernæringsoplysninger:Kalorier 213 Fedt i alt: 16 g Total kulhydrater: 9 g Sukker: 4 g Fiber: 3 g Protein: 13 g Natrium: 806 mg

Jordbær- og gedeostsalat:

1 pund sprøde jordbær, skåret i tern

Valgfrit: 1 til 2 teskefulde nektar eller ahornsirup, efter smag 2 ounce smuldret gedecheddar (ca. ½ kop) ¼ kop skåret basilikum i skiver plus et par basilikumblade til pynt

1 spsk ekstra jomfru olivenolie

1 spsk tyk balsamicoeddike *

½ tsk Maldon Flak havsalt eller ¼ upassende

teskefuld fint havsalt

Sprød stødt mørk peber

Indikationer:

1. Læg jordbær i tern på en mellemstor tallerken eller en lav skål. Hvis jordbærene ikke er så søde, som du gerne vil, smid dem med lidt nektar eller ahornsirup.

2. Drys den smuldrede gedecheddar over jordbærrene, efterfulgt af den hakkede basilikum. Dryp med olivenolie og balsamicoeddike.

3. Poler tallerkenen med blandede grøntsager med saltet, et par stykker sprødkværnet sort peber og de konserverede basilikumblade. For en fremragende introduktion, server den blandede grøntsagsret hurtigt.

Rester holder sig dog godt i køleskabet i cirka 3 dage.

Gurkemeje blomkål og torskestuvning

Portioner: 4

Tilberedningstid: 30 minutter

Ingredienser:

½ pund blomkålsbuketter

1 pund torskefileter, udbenet, uden skind og i tern 1 spsk olivenolie

1 gult løg, hakket

½ tsk spidskommen frø

1 grøn peberfrugt, hakket

¼ tsk gurkemejepulver

2 hakkede tomater

En knivspids salt og sort peber

½ kop hønsefond

1 spsk hakket koriander

Indikationer:

1. Varm en pande op med olien over middel varme, tilsæt løg, chili, spidskommen og gurkemeje, rør rundt og steg i 5 minutter.

2. Tilsæt blomkål, fisk og øvrige ingredienser, rør rundt, bring det i kog og kog ved middel varme i yderligere 25 minutter.

3. Fordel gryderet i skåle og server.

Ernæringsoplysninger:kalorier 281, fedt 6, fiber 4, kulhydrater 8, protein 12

Fornøjelse af nødder og asparges

Portioner: 4

Tilberedningstid: 5 minutter

Ingredienser:

1 spsk og ½ olivenolie

¾ rør aspargesene, skær dem

¼ kop hakkede valnødder

Solsikkekerner og peber efter smag

Indikationer:

1. Sæt en pande på middel varme, tilsæt olivenolien og lad den varme op.

2. Tilsæt aspargesene, sauter i 5 minutter, indtil de er gyldne.

3. Pynt med solsikkekerner og peber.

4. Fjern fra varmen.

5. Tilsæt nødderne og bland.

Ernæringsoplysninger:Kalorier: 124 Fedtstoffer: 12 g Kulhydrater: 2 g
Proteiner: 3 g

Alfredo pasta med zucchini:

2 mellemstore spiralzucchini

1-2 TB vegansk parmesan (valgfrit)

Hurtig Alfredo Sauce

1/2 kop rå cashewnødder udblødt i et par timer eller i kogende vand i 10 minutter

2 TB citronsaft

3 TB ernæringsgær

2 teskefulde hvid miso (gryde med sub-tamari, sojasovs eller kokosnødde aminosyrer)

1 tsk løgpulver

1/2 tsk hvidløgspulver

1/4-1/2 kop vand

Indikationer:

1. Spiraliser courgettenudlerne.

2. Tilsæt alle Alfredo-fikseringer til en højhastighedsblender (startende med 1/4 kop vand) og blend indtil glat. Hvis din sauce er for tyk, tilsæt mere vand en spiseskefuld ad gangen, indtil du får den konsistens, du leder efter.

3. Top med zucchininudler med Alfredo sauce og et tilbehør med grøntsager, hvis det ønskes.

Quinoa kylling:

1 kop quinoa, vasket

3-1/2 dl vand, sigtet

1/2 pund mager malet kalkun

1 stort sødt løg i tern

1 medium sød rød peber, hakket

4 fed hvidløg, hakket

1 spiseskefuld bønnestuvningspulver

1 spsk stødt spidskommen

1/2 tsk stødt kanel

2 dåser (15 oz hver) kidneybønner, vasket og drænet 1 dåse (28 oz) knuste tomater

1 mellemstor zucchini, skåret i skiver

1 chipotle peber i adobo sauce, skåret i skiver

1 spiseskefuld adobo sauce

1 smal klinge

1 tsk tørret oregano

1/2 tsk salt

1/4 tsk peber

1 kop størknet majs, optøet

1/4 kop hakket knasende koriander

Valgfri garniture: avocado i tern, revet Monterey Jack Cheddar

Indikationer:

1. I en stor gryde bringes quinoaen og 2 kopper vand i kog. Skru ned for varmen; fordel og kog i 12 til 15 minutter eller indtil vandet er stoppet. uddrive fra varmen; lette med en gaffel og læg et sikkert sted.

2. Kog derefter kalkun, løg, rød peber og hvidløg i en stor gryde dækket med madlavningsspray ved middel varme, indtil kødet ikke længere er lyserødt, og grøntsagerne er møre; kanal Rør formalet bønnestuvning, spidskommen og kanel i; kog 2 minutter mere.

Når det ønskes, server med valgfrit pynt.

3. Tilsæt de mørke bønner, tomater, zucchini, chipotlepeber, adobo sauce, hele blade, oregano, salt, peber og det resterende vand.

Varm op til kogning. Reducer varmen; smør og kog i 30

minutter Bland majs og quinoa; varme igennem Fjern smalle blade; rør koriander i. Præsenter den med de skønsmæssige beslag, du ønsker.

4. Alternativ til frysning: Frys den afkølede gryderet ned i de koldeste rum.

For at bruge, optø ufuldstændigt i køleskabet på mellemlang sigt. Opvarm i en gryde, rør af og til; inkludere juice eller vand, hvis det er vigtigt.

Spaghetti med hvidløg og græskar

Portioner: 4

Tilberedningstid: 15 minutter

Ingredienser:

For at forberede saucen

¼ kop kokosmælk

6 store citater

2/3 g revet kokos

6 fed hvidløg

2 spiseskefulde ingefærpasta

2 spsk rød karrypasta

For at forberede nudlerne

1 stor kogende græskarnudler

½ gulerod skåret i julienne

½ zucchini skåret i julienne

1 lille rød peberfrugt

¼ kop cashewnødder

Indikationer:

1. For at forberede saucen blendes alle ingredienserne til en tyk puré.

2. Skær spaghettien på langs og lav nudler.

3. Mal panden let med olivenolie og kog spaghettien ved 40°C i 5-6 minutter.

4. Til servering røres og moses nudlerne i en skål. Eller server mosen sammen med nudlerne.

Ernæringsoplysninger:Kalorier 405 Kulhydrater: 107 g Fedt: 28 g Protein: 7 g

Dampet omelet med røde bønner og chilisauce

Portioner: 1

Tilberedningstid: 16 minutter

Ingredienser:

100 g cherrytomater, halveret

1/4 avocado, uskrællet

200 g havørredfilet uden skind

Korianderblade til servering

2 teskefulde olivenolie

Limebåde til servering

120 g røde bønner på dåse, skyllet og afdryppet 1/2 rødløg, skåret i tynde skiver

1 spsk jalapeños i eddike, drænet

1/2 tsk stødt spidskommen

4 sicilianske oliven / grønne oliven

Indikationer:

1. Placer en dampkoger over en gryde med kogende vand. Læg fisken i kurven og læg låg på i 10-12 minutter.

2. Fjern fisken og lad den hvile et par minutter. Forvarm imens lidt olie på en pande.

3. Tilsæt de syltede jalapeños, røde bønner, oliven, 1/2 tsk spidskommen og cherrytomater. Kog i cirka 4-5 minutter, under konstant omrøring.

4. Hæld bønnedejen på et serveringsfad efterfulgt af tortillaen.

Tilsæt koriander og løg på toppen.

5. Server sammen med skiver af lime og avocado. Nyd dampede havørreder med rødbønne chilisauce!

Ernæringsoplysninger:243 kalorier 33,2 g fedt 18,8 g i alt kulhydrater 44 g protein

Sød kartoffel og kalkunsuppe

Portioner: 4

Tilberedningstid: 45 minutter

Ingredienser:

2 spsk olivenolie

1 gult løg, hakket

1 grøn peberfrugt, hakket

2 søde kartofler, skrællet og skåret i tern

1 pund kalkunbryst, uden hud, udbenet og i tern 1 tsk malet koriander

En knivspids salt og sort peber

1 tsk sød rød peber

6 kopper hønsebouillon

Saft af 1 lime

En håndfuld hakket persille

Indikationer:

1. Varm en pande op med olien over middel varme, tilsæt løg, peber og søde kartofler, rør rundt og steg i 5 minutter.

2. Tilsæt kødet og steg i yderligere 5 minutter.

3. Tilsæt resten af ingredienserne, rør rundt, bring det i kog og kog ved middel varme i yderligere 35 minutter.

4. Hæld suppen i skåle og server.

Ernæringsoplysninger:kalorier 203, fedt 5, fibre 4, kulhydrater 7, protein 8

Grillet laks med miso

Portioner: 2

Tilberedningstid: 20 minutter

Ingredienser:

2 spsk ahornsirup

2 citroner

¼ kop miso

¼ teskefuld jord peber

2 limefrugter

2 1/2 pund laks, skind på

En knivspids cayennepeber

2 spsk Ekstra jomfru oliven olie

¼ kop miso

Indikationer:

1. Bland først limesaft og citronsaft i en lille skål, indtil det er godt blandet.

2. Rør derefter miso, cayennepeber, ahornsirup, olivenolie og peber i. Kombiner godt.

3. Læg derefter laksen med skindsiden nedad på en bageplade beklædt med bagepapir.

4. Pensl laksen generøst med miso-citronblandingen.

5. Læg nu de halverede citron- og citronbåde på deres sider med den afskårne side opad.

6. Kog dem til sidst i 8-12 minutter eller til fisken er kogt.

Ernæringsoplysninger:Kalorier: 230 Kcal Proteiner: 28,3 g Kulhydrater: 6,7 g Fedtstoffer: 8,7 g

Sauteret filet

Portioner: 6

Tilberedningstid: 8 minutter

Ingredienser:

6 tilapiafileter

2 spsk olivenolie

1 stykke citron, saft

Salt og peber efter smag

¼ kop hakket persille eller koriander

Indikationer:

1. Sauter tilapiafileterne i olivenolie i en mellemstor stegepande ved middel varme. Steg i 4 minutter på hver side, indtil fisken let flager med en gaffel.

2. Tilsæt salt og peber efter smag. Dryp citronsaft over hver bøf.

3. Til servering drysses de kogte bøffer med hakket persille eller koriander.

Ernæringsoplysninger:Kalorier: 249 Cal. Fedt: 8,3 g Proteiner: 18,6 g Kulhydrater: 25,9

Fiber: 1 g

Hvid fiskesuppe med grøntsager

Portioner: 6 til 8

Tilberedningstid: 32 til 35 minutter

Ingredienser:

3 søde kartofler, skrællet og skåret i ½-tommers stykker 4 gulerødder, skrællet og skåret i ½-tommers stykker 3 kopper fuldfed kokosmælk

2 kopper vand

1 tsk tørret timian

½ tsk havsalt

10½ ounce (298 g) skindfri, fast hvid fisk, såsom torsk eller helleflynder, skåret i stykker

Indikationer:

1. Kom søde kartofler, gulerødder, kokosmælk, vand, timian og havsalt i en stor gryde ved høj varme og bring det i kog.

2. Reducer varmen til lav, læg låg på og lad det simre i 20 minutter, indtil grøntsagerne er møre, og rør af og til.

3. Hæld halvdelen af suppen i blenderen og purér, indtil den er glat, og vend derefter tilbage i gryden.

4. Tilsæt fiskestykkerne og steg videre i 12 minutter mere

15 minutter, eller til fisken er kogt.

5. Tag af varmen og server i skåle.

Ernæringsoplysninger:kalorier: 450; fedt: 28,7 g; protein: 14,2 g; kulhydrater: 38,8 g; fiber: 8,1 g; sukker: 6,7 g; natrium: 250 mg

Muslinger med citron

Portioner: 4

Ingredienser:

1 spiseskefuld ekstra jomfru olivenolie 2 fed hakket hvidløg

2 pund skrubbede muslinger

Saft af en citron

Indikationer:

1. Kom lidt vand i en gryde, tilsæt muslingerne, bring det i kog ved middel varme, kog i 5 minutter, kassér de uåbnede muslinger og kom dem i en skål.

2. Bland i en anden skål olien med hvidløg og friskpresset citronsaft, pisk godt og tilsæt muslingerne ovenpå, bland og server.

3. God fornøjelse!

Ernæringsoplysninger:Kalorier: 140, Fedt: 4 g, Kulhydrater: 8 g, Proteiner: 8 g, Sukker: 4 g, Natrium: 600 mg,

Laks, lime og chili

Portioner: 2

Tilberedningstid: 8 minutter

Ingredienser:

1 pund laks

1 spsk limesaft

½ tsk peber

½ tsk chilipulver

4 skiver lime

Indikationer:

1. Smag laksen til med limesaften.

2. Drys begge sider med peber og chilipulver.

3. Kom laksen i frituregryden.

4. Læg limebåde ovenpå laksen.

5. Luftsteg ved 375 grader F i 8 minutter.

Tun- og ostepasta

Portioner: 3-4

Ingredienser:

2 c. raket

¼ c. hakkede grønne løg

1 spsk rød eddike

5 oz. afdryppet tun på dåse

¼ teskefuld sort peber

2 oz. kogt fuldkornspasta

1 spiseskefuld olivenolie

1 spiseskefuld fedtfattig revet parmesan

Indikationer:

1. Kog pastaen i usaltet vand, indtil den er klar. Dræn og sæt til side.

2. Bland tun, grønne løg, eddike, olie, rucola, pasta og sort peber godt i en stor skål.

3. Bland godt og pynt med ost.

4. Server og nyd.

Ernæringsoplysninger:Kalorier: 566,3, Fedt: 42,4 g, Kulhydrater: 18,6 g, Protein: 29,8 g, Sukker: 0,4 g, Natrium: 688,6 mg

Strimler af fisk i kokosskorpe

Portioner: 4

Tilberedningstid: 12 minutter

Ingredienser:

marinade

1 spsk sojasovs

1 tsk malet ingefær

½ kop kokosmælk

2 spiseskefulde ahornsirup

½ kop ananasjuice

2 teskefulde varm sauce

fisk

1 pund fiskefilet, skåret i strimler

Peber efter behov

1 kop brødkrummer

1 kop kokosflager (usødet)

Madlavningsspray

Indikationer:

1. Bland marinadeingredienserne i en skål.

2. Tilsæt fiskestrimlerne.

3. Dæk til og stil på køl i 2 timer.

4. Forvarm frituregryden til 375 grader F.

5. I en skål blandes peberfrugt, rasp og kokosflager sammen.

6. Dyp fiskestrimlerne i raspblandingen.

7. Spray friturekurven med olie.

8. Læg fiskestrimlerne i friturekurven.

9. Steg udendørs i 6 minutter på hver side.

Portioner af mexicansk fisk: 2

Tilberedningstid: 10 minutter

Ingredienser:

4 fiskefileter

2 teskefulde mexicansk oregano

4 teskefulde spidskommen

4 teskefulde chilipulver

Peber efter behov

Madlavningsspray

Indikationer:

1. Forvarm frituregryden til 400 grader F.

2. Dryp fisken med olie.

3. Krydr begge sider af fisken med krydderier og peber.

4. Læg fisken i friturekurven.

5. Kog i 5 minutter.

6. Vend og kog i yderligere 5 minutter.

Tortilla med agurkesauce

Portioner: 4

Tilberedningstid: 10 minutter

Ingredienser:

Salsa:

1 engelsk agurk i tern

¼ kop usødet kokosnøddeyoghurt

2 spsk hakket frisk mynte

1 skalotteløg, hvide og grønne dele, hakket

1 tsk rå honning

havsalt

Fisk:

4 (5 oz) ørredfileter, tørre

1 spsk olivenolie

Havsalt og friskkværnet sort peber efter smagIndikationer:

1. Lav saucen: Bland yoghurt, agurk, mynte, skalotteløg, honning og havsalt i en lille skål, indtil det er godt blandet. At lade være

2. På en ren disk gnides ørredfileterne let med havsalt og peber.

3. Varm olivenolien op i en stor stegepande ved middel varme. Kom ørredfileterne i den varme pande og steg i cirka 10 minutter, vend fisken halvvejs eller indtil fisken er kogt efter din smag.

4. Fordel saucen over fisken og server.

Ernæringsoplysninger:kalorier: 328; fedt: 16,2 g; protein: 38,9 g; kulhydrater: 6,1 g

; fiber: 1,0 g; sukker: 3,2 g; natrium: 477 mg

Citronzoodles med rejer

Portioner: 4

Tilberedningstid: 0 minutter

Ingredienser:

Salsa:

½ kop pakkede friske basilikumblade

Saft af 1 citron (eller 3 spsk)

1 tsk hakket hvidløg på flaske

lidt salt

En knivspids friskkværnet sort peber

¼ kop sød kokosmælk på dåse

1 stor gul squash, skåret i julien eller spiralskåret 1 stor gul squash, skåret i julien eller spiralskåret

1 pund (454 g) rejer, pillede, kogte, pillede og afkølede skal af 1 citron (valgfrit)

Indikationer:

1. Lav saucen: Blend basilikumblade, citronsaft, hvidløg, havsalt og peber i en foodprocessor til det er finthakket.

2. Hæld langsomt kokosmælken i, mens processoren stadig kører. Blend indtil glat.

3. Overfør saucen til en stor skål sammen med den gule squash og zucchini. gør det godt

4. Drys rejer og citronskal (hvis det ønskes) over nudlerne. Server straks.

Ernæringsoplysninger:kalorier: 246; fedt: 13,1 g; protein: 28,2 g; kulhydrater: 4,9 g

; fiber: 2,0 g; sukker: 2,8 g; natrium: 139 mg

Sprøde rejer

Portioner: 4

Tilberedningstid: 3 minutter

Ingredienser:

1 pund rejer, pillet og renset

½ kop fiskepaneringsblanding

Madlavningsspray

Indikationer:

1. Forvarm frituregryden til 390 grader F.

2. Dryp rejerne med olie.

3. Dæk med brødblandingen.

4. Spray friturekurven med olie.

5. Tilføj rejerne til airfryer-kurven.

6. Kog i 3 minutter.

Grillet havaborre

Portioner: 2

Ingredienser:

2 fed hakket hvidløg

peber

1 spiseskefuld citronsaft

2 hvide havaborrefileter

¼ teskefuld blanding af urter

Indikationer:

1. Sprøjt en pande med lidt olivenolie og læg bøfferne ovenpå.

2. Drys bøfferne med citronsaft, hvidløg og krydderier.

3. Kog i cirka 10 minutter eller indtil fisken er gylden.

4. Anret på en seng af sauteret spinat, hvis det ønskes.

Ernæringsoplysninger:Kalorier: 169, Fedt: 9,3 g, Kulhydrater: 0,34 g, Protein: 15,3

g, Sukker: 0,2 g, Natrium: 323 mg

Lækker lakseportioner: 4

Tilberedningstid: 10 minutter

Ingredienser:

Madlavningsspray

1 pund laksefilet, i flager

¼ kop mandelmel

2 tsk Old Bay krydderi

1 grønt løg, hakket

Indikationer:

1. Forvarm frituregryden til 390 grader F.

2. Spray friturekurven med olie.

3. I en skål kombineres resten af ingredienserne.

4. Form frikadeller med blandingen.

5. Sprøjt begge sider af kartoflerne med olie.

6. Steg udendørs i 8 minutter.

Krydret torsk

Portioner: 4

Ingredienser:

2 spsk Frisk hakket persille

2 pund torskefileter

2 c. lav natrium sauce

1 spiseskefuld smagløs olie

Indikationer:

1. Forvarm ovnen til 350°F.

2. Hæld olien i bunden af en stor, dyb bageplade.

Læg torskefileterne på tallerkenen. Hæld saucen over fisken. Dæk med aluminiumsfolie i 20 minutter. Fjern folien under de sidste 10 minutter af tilberedningen.

3. Bag i 20 - 30 minutter, til fisken er smuldrende.

4. Server med hvide eller brune ris. Pynt med persille.

Ernæringsoplysninger:Kalorier: 110, Fedt: 11 g, Kulhydrater: 83 g, Protein: 16,5 g, Sukker: 0 g, Natrium: 122 mg

Røget omelet

Portioner: 2

Ingredienser:

2 teskefulde Frisk citronsaft

½ c. fedtfattig hytteost

1 stængel selleri i tern

¼ pund skindfri røget ørredfilet,

½ tsk Worcestershire sauce

1 tsk chili sauce

¼ c. grofthakket rødløg

Indikationer:

1. Kom tortilla, ricotta, rødløg, citronsaft, chilisauce og Worcestershire-sauce i en blender eller foodprocessor.

2. Blend indtil glat, stop med at skrabe siderne af skålen ned efter behov.

3. Tilsæt selleri i tern.

4. Opbevar i køleskabet i en lufttæt beholder.

Ernæringsoplysninger:Kalorier: 57, Fedt: 4 g, Kulhydrater: 1 g, Protein: 4 g, Sukker: 0 g, Natrium: 660 mg

Tun og skalotteløg

Portioner: 4

Ingredienser:

½ c. hønsebouillon med lavt natriumindhold

1 spiseskefuld olivenolie

4 ben- og skindfri tunfileter

2 hakkede skalotteløg

1 tsk sød rød peber

2 spsk Limesaft

¼ teskefuld sort peber

Indikationer:

1. Varm en pande op med olien ved middelhøj varme, tilsæt skalotteløg og steg i 3 minutter.

2. Tilsæt fisken og steg i 4 minutter på hver side.

3. Tilsæt resten af ingredienserne, lad det hele koge i yderligere 3 minutter, fordel mellem tallerkener og server.

Ernæringsoplysninger:Kalorier: 4040, Fedt: 34,6 g, Kulhydrater: 3 g, Proteiner: 21,4 g, Sukker: 0,5 g, Natrium: 1000 mg

Rejer med citron og peber

Portioner: 2

Tilberedningstid: 10 minutter

Ingredienser:

1 spiseskefuld citronsaft

1 spsk olivenolie

1 tsk citronpeber

¼ tsk hvidløgspulver

¼ tsk rød peber

12 oz. rejer, pillet og renset

Indikationer:

1. Forvarm frituregryden til 400 grader F.

2. Bland citronsaft, olivenolie, citronpeber, hvidløgspulver og paprika i en skål.

3. Rør rejerne i, og dæk dem jævnt med blandingen.

4. Tilføj det til frituregryden.

5. Kog i 8 minutter.

Cajun laks portioner: 2

Tilberedningstid: 10 minutter

Ingredienser:

2 laksefileter

Madlavningsspray

1 spsk Cajun krydderi

1 skefuld honning

Indikationer:

1. Forvarm frituregryden til 390 grader F.

2. Dryp olie på begge sider af fisken.

3. Drys med Cajun-krydderi.

4. Spray friturekurven med olie.

5. Læg laksen i friturekurven.

6. Steg i 10 minutter.

Laks med quinoa og grøntsager

Portioner: 4

Tilberedningstid: 0 minutter

Ingredienser:

1 pund kogt laks, i flager

4 kopper kogt quinoa

6 radiser, skåret i tynde skiver

1 zucchini, skåret i halvmåner

3 kopper cola

3 skalotteløg, hakket

½ kop mandelolie

1 tsk sukkerfri varm sauce

1 spiseskefuld æblecidereddike

1 tsk havsalt

½ kop ristede flager af mandler, til pynt (valgfrit)Indikationer:

1. I en stor skål piskes laksflager, kogt quinoa, radiser, zucchini, rucola og skalotteløg sammen og blandes godt.

2. Tilsæt mandelolie, varm sauce, æblecidereddike og havsalt og rør for at kombinere.

3. Fordel blandingen i fire skåle. Drys hver skål jævnt med de flagede mandler til pynt, hvis det ønskes. Server straks.

Ernæringsoplysninger:kalorier: 769; fedt: 51,6 g; protein: 37,2 g; kulhydrater: 44,8 g; fiber: 8,0 g; sukker: 4,0 g; natrium: 681 mg

Sprød hvid fisk Portioner: 4

Tilberedningstid: 15 minutter

Ingredienser:

¼ kop olivenolie

1 kop tørre brødkrummer

4 hvide fiskefileter

Peber efter behov

Indikationer:

1. Forvarm frituregryden til 350 grader F.

2. Drys begge sider af fisken med peber.

3. Kom olie og rasp i en skål.

4. Dyp fisken i blandingen.

5. Tryk på brødkrummerne for at klæbe.

6. Læg fisken i airfryeren.

7. Kog i 15 minutter.

Laksefrikadeller Portioner: 4

Tilberedningstid: 8 til 10 minutter

Ingredienser:

1 pund (454 g) skindfri, benfri laksefileter, hakket ¼ kop hakket sødt løg

½ kop mandelmel

2 fed hvidløg, hakket

2 sammenpisket æg

1 tsk dijonsennep

1 spsk friskpresset citronsaft

Chiliflager

½ tsk havsalt

¼ tsk friskkværnet sort peber

1 spsk avocadoolie

Indikationer:

1. Bland den hakkede laks, søde løg, mandelmel, hvidløg, sammenpisket æg, sennep, citronsaft, rød peberflager, havsalt og peber i en stor skål og bland, indtil det er godt indarbejdet.

2. Lad lakseblandingen hvile i 5 minutter.

3. Tag lakseblandingen og dup den til fire ½ tomme tykke bøffer med hænderne.

4. Opvarm avocadoolien i en stor gryde ved middel varme. Tilsæt frikadellerne til den varme pande og steg på hver side i 4 til 5 minutter, indtil de er let brunede og gennemstegte.

5. Tag af varmen og anret på en tallerken.

Ernæringsoplysninger:kalorier: 248; fedt: 13,4 g; protein: 28,4 g; kulhydrater: 4,1 g

; fiber: 2,0 g; sukker: 2,0 g; natrium: 443 mg

Lækre rejer

Portioner: 4

Tilberedningstid: 10 minutter

Ingredienser:

½ tsk løgpulver

½ tsk hvidløgspulver

½ tsk rød peber

¼ tsk malet sennep

⅛ teskefuld tørret salvie

⅛ teskefuld malet timian

⅛ teskefuld tørret oregano

⅛ teskefuld tørret basilikum

Peber efter behov

3 spiseskefulde majsstivelse

1 pund rejer, pillet og renset

Madlavningsspray

Indikationer:

1. Bland alle ingredienser undtagen rejer i en skål.

2. Dæk rejerne med blandingen.

3. Spray airfryer-kurven med olie.

4. Forvarm frituregryden til 390 grader F.

5. Tilføj rejer indeni.

6. Steg i 4 minutter.

7. Ryst kurven.

8. Kog i yderligere 5 minutter.

Krydret bagt fisk

Portioner: 5

Ingredienser:

1 spiseskefuld olivenolie

1 tsk krydderi uden krydret salt

1 lb laksefilet

Indikationer:

1. Forvarm ovnen til 350F.

2. Dryp fisken med olivenolie og krydr.

3. Kog i 15 minutter uden låg.

4. Skær og server.

Ernæringsoplysninger:Kalorier: 192, Fedt: 11 g, Kulhydrater: 14,9 g, Protein: 33,1 g, Sukker: 0,3 g, Natrium: 505 6 mg

Tun med paprika Portioner: 4

Ingredienser:

½ tsk chili pulver

2 teskefulde sød rød peber

¼ teskefuld sort peber

2 spsk olivenolie

4 udbenede tunfileter

Indikationer:

1. Opvarm en pande med olien på medium-høj varme, tilsæt tunfileterne, krydr med rød peber, sort peber og chilipulver, kog 5 minutter på hver side, fordel mellem tallerkenerne og server med en salat.

Ernæringsoplysninger:Kalorier: 455, Fedt: 20,6 g, Kulhydrater: 0,8 g, Protein: 63,8

g, Sukker: 7,4 g, Natrium: 411 mg

Fiskeboller Portioner: 2

Tilberedningstid: 7 minutter

Ingredienser:

8 oz. hvid fiskefilet, i flager

Hvidløgspulver efter smag

1 tsk citronsaft

Indikationer:

1. Forvarm frituregryden til 390 grader F.

2. Kombiner alle ingredienserne.

3. Form frikadeller med blandingen.

4. Læg fiskebollerne i airfryeren.

5. Kog i 7 minutter.

Pocherede kammuslinger med honning

Portioner: 4

Tilberedningstid: 15 minutter

Ingredienser:

1 pund (454 g) store kammuslinger, skyllet og tørret med havsalt

En knivspids friskkværnet sort peber

2 spsk avocadoolie

¼ kop rå honning

3 spiseskefulde kokos aminosyrer

1 spiseskefuld æblecidereddike

2 fed hvidløg, hakket

Indikationer:

1. Tilsæt kammuslingerne, havsalt og peber i en skål, og rør rundt, indtil det er godt dækket.

2. I en stor stegepande opvarmes avocadoolien ved middelhøj varme.

3. Steg kammuslingerne i 2 til 3 minutter på hver side, eller indtil kammuslingerne er mælkehvide eller uigennemsigtige og faste.

4. Fjern kammuslingerne fra varmen til en tallerken og beklæd dem med aluminiumsfolie for at holde dem varme. At lade være

5. Tilsæt honning, kokos-aminosyrer, eddike og hvidløg i gryden og bland godt.

6. Bring det i kog og kog i cirka 7 minutter, indtil væsken reduceres, mens der røres af og til.

7. Kom de opvarmede kammuslinger tilbage i gryden, og vend dem til at overtrække med glasuren.

8. Fordel kammuslingerne mellem fire tallerkener og server varme.

Ernæringsoplysninger:kalorier: 382; fedt: 18,9 g; protein: 21,2 g; kulhydrater: 26,1 g; fiber: 1,0 g; sukker: 17,7 g; natrium: 496 mg

Torskefileter med shiitakesvampe

Portioner: 4

Tilberedningstid: 15 til 18 minutter

Ingredienser:

1 fed hvidløg, hakket

1 porre, skåret i tynde skiver

1 tsk hakket frisk ingefærrod

1 spsk olivenolie

½ glas tør hvidvin

½ kop shiitakesvampe i skiver

4 torskefileter (170 g)

1 tsk havsalt

⅛ tsk friskkværnet sort peber

Indikationer:

1. Forvarm ovnen til 375ºF (190ºC).

2. Kom hvidløg, porre, ingefærrod, vin, olivenolie og svampe i en gryde og vend indtil svampene er godt dækket.

3. Bag i den forvarmede ovn i 10 minutter, indtil de er let gyldne.

4. Tag gryden ud af ovnen. Fordel torskefileterne ovenpå og krydr med salt og peber.

5. Dæk med alufolie og sæt tilbage i ovnen. Kog mellem 5 og 8

minutter mere eller indtil fisken er flaget.

6. Fjern alufolien og lad den køle af i 5 minutter inden servering.

Ernæringsoplysninger:kalorier: 166; fedt: 6,9 g; protein: 21,2 g; kulhydrater: 4,8 g; fiber: 1,0 g; sukker: 1,0 g; natrium: 857 mg

Grillet hvid havbars

Portioner: 2

Ingredienser:

1 tsk hakket hvidløg

Kværnet sort peber

1 spiseskefuld citronsaft

8 oz. hvide havaborrefileter

¼ teskefuld Saltfri krydderurteblanding

Indikationer:

1. Forvarm grillen og placer stativet 4 tommer fra varmekilden.

2. Sprøjt en bageplade let med madlavningsspray. Kom bøfferne i gryden. Drys bøfferne med citronsaft, hvidløg, urtedressing og peber.

3. Kog indtil fisken er helt uigennemsigtig, når den testes med spidsen af en kniv, ca. 8 til 10 minutter.

4. Server straks.

Ernæringsoplysninger:Kalorier: 114, Fedt: 2 g, Kulhydrater: 2 g, Protein: 21 g, Sukker: 0,5 g, Natrium: 78 mg

Bagt kulmule med tomat

Portioner: 4-5

Ingredienser:

½ c. tomatsovs

1 spiseskefuld olivenolie

persille

2 snittede tomater

½ c. gratineret ost

4 pund udbenet og skåret kulmule

Sal.

Indikationer:

1. Forvarm ovnen til 400°F.

2. Krydr fisken med salt.

3. I en gryde eller gryde; steg fisken i olivenolie, indtil den er halvstegt.

4. Tag fire ark aluminiumsfolie til at dække fisken.

5. Form indpakningen, så den ligner beholdere; tilsæt tomatsaucen til hver aluminiumsbeholder.

6. Tilsæt fisken, tomatskiverne og pynt med revet ost.

7. Bag til de er gyldne, cirka 20-25

minutter

8. Åbn pakkerne og pynt med persillen.

Ernæringsoplysninger:Kalorier: 265, Fedt: 15 g, Kulhydrater: 18 g, Proteiner: 22 g, Sukker: 0,5 g, Natrium: 94,6 mg

Pocheret kuller med rødbeder

Portioner: 4

Tilberedningstid: 30 minutter

Ingredienser:

8 rødbeder, skrællet og skåret i ottendedele

2 skalotteløg, skåret i tynde skiver

2 spiseskefulde æblecidereddike

2 spsk olivenolie, delt

1 tsk hakket hvidløg på flaske

1 tsk hakket frisk timian

lidt salt

4 kullerfileter (5 oz/142 g), tørret<u>Indikationer:</u>

1. Forvarm ovnen til 400ºF (205ºC).

2. Kombiner rødbeder, skalotteløg, eddike, 1 spsk olivenolie, hvidløg, timian og havsalt i en mellemstor skål og vend godt rundt.

Fordel rødbedeblandingen på en bageplade.

3. Bag i den forvarmede ovn i cirka 30 minutter, vend en eller to gange med en spatel, eller indtil rødbederne er møre.

4. Opvarm imens den resterende spiseskefuld olivenolie i en stor stegepande over medium-høj varme.

5. Tilsæt kuller og sauter på hver side i 4 til 5 minutter, eller indtil kødet er uigennemsigtigt og let flager.

6. Læg fisken over på en tallerken og server toppet med den ristede rødbede.

Ernæringsoplysninger:kalorier: 343; fedt: 8,8 g; protein: 38,1 g; kulhydrater: 20,9 g

; fiber: 4,0 g; sukker: 11,5 g; natrium: 540 mg

Laks med kaffir lime

Portioner: 8

Ingredienser:

1 citronstilk i kvarte og knust

2 kaffir limeblade, revet

1 citron skåret i tynde skiver

1½ c. friske korianderblade

1 hel laksefilet

Indikationer:

1. Forvarm ovnen til 350°F.

2. Beklæd en bageplade med aluminiumsfolie, der overlapper siderne. 3. Læg laks på folie, pynt med citron, limeblade, citrongræs og 1 kop korianderblade. Mulighed: Smag til med salt og peber.

4. Bring den lange kant af folien til midten, før du folder stemplet.

Rul enderne for at omslutte laksen.

5. Bag i 30 minutter.

6. Overfør den kogte fisk til en tallerken. Top med frisk koriander.

Server med hvide eller brune ris.

Ernæringsoplysninger:Kalorier: 103, Fedt: 11,8 g, Kulhydrater: 43,5 g, Protein: 18 g, Sukker: 0,7 g, Natrium: 322 mg

Mørt laks i sennepssauce

Portioner: 2

Ingredienser:

5 spiseskefulde hakket dild

2/3 c. creme fraiche

peber

2 spsk Dijon sennep

1 tsk Hvidløgs pulver

5 oz. laksefileter

2-3 spsk. Citronsaft

Indikationer:

1. Bland creme fraiche, sennep, citronsaft og dild.

2. Krydr bøfferne med peber og hvidløgspulver.

3. Læg laksen med skindsiden nedad på en bageplade og dæk med den tilberedte sennepssauce.

4. Bag i 20 minutter ved 390°F.

Ernæringsoplysninger:Kalorier: 318, Fedt: 12 g, Kulhydrater: 8 g, Protein: 40,9 g, Sukker: 909,4 g, Natrium: 1,4 mg

Krabbe salat

Portioner: 4

Ingredienser:

2 c. krabbekød

1 c. cherrytomater skåret i halve

1 spiseskefuld olivenolie

sort peber

1 hakket skalotteløg

1/3 c. hakket koriander

1 spiseskefuld citronsaft

Indikationer:

1. I en skål kombineres krabben med tomaterne og andre ingredienser, blandes og serveres.

Ernæringsoplysninger:Kalorier: 54, Fedt: 3,9 g, Kulhydrater: 2,6 g, Protein: 2,3 g, Sukker: 2,3 g, Natrium: 462,5 mg

Bagt laks med misosauce

Portioner: 4

Tilberedningstid: 15 til 20 minutter

Ingredienser:

Salsa:

¼ kop æblecider

¼ kop hvid miso

1 spsk olivenolie

1 spsk hvid riseddike

⅛ teskefuld malet ingefær

4 (85 til 113 g) udbenede laksefileter 1 skalotteløg skåret i skiver til pynt

⅛ tsk rød peberflager, til pynt

Indikationer:

1. Forvarm ovnen til 375ºF (190ºC).

2. Lav saucen: Pisk æblecider, hvid miso, olivenolie, riseddike og ingefær sammen i en lille skål. Tilsæt lidt vand, hvis du ønsker en tyndere konsistens.

3. Læg laksefileterne i en bradepande med skindsiden nedad. Hæld den tilberedte sauce over bøfferne, så de bliver jævnt.

4. Bag i den forvarmede ovn i 15-20 minutter, eller indtil fisken let flager med en gaffel.

5. Pynt med de snittede skalotteløg og rød peberflager og server.

Ernæringsoplysninger:kalorier: 466; fedt: 18,4 g; protein: 67,5 g; kulhydrater: 9,1 g

; fiber: 1,0 g; sukker: 2,7 g; natrium: 819 mg

Bagt torsk dækket af urter med honning

Portioner: 2

Ingredienser:

6 spiseskefulde Fyld med urtesmag

8 oz. Torskefileter

2 spsk honning

Indikationer:

1. Forvarm ovnen til 375°F.

2. Sprøjt en bageplade let med madlavningsspray.

3. Læg det urtesmagsfyldte i en pose og forsegl det. Kværn fyldet til det er sprødt.

4. Dæk fisken med honning og fjern den resterende honning.

Tilføj en filet til fyldeposen og vend forsigtigt rundt for at dække fisken helt.

5. Overfør torsken til bakken og gentag processen for den anden fisk.

6. Pak bøfferne ind i aluminiumsfolie og bag dem, til de er faste og uigennemsigtige, når de testes med spidsen af en kniv, cirka ti minutter.

7. Serveres varm.

Ernæringsoplysninger:Kalorier: 185, Fedt: 1 g, Kulhydrater: 23 g, Protein: 21 g, Sukker: 2 g, Natrium: 144,3 mg

Torsk blandet med parmesan Portioner: 4

Ingredienser:

1 spiseskefuld citronsaft

½ c. hakket grønt løg

4 udbenede torskefileter

3 fed hakket hvidløg

1 spiseskefuld olivenolie

½ c. fedtfattig revet parmesan

Indikationer:

1. Varm en pande op med olien på middel varme, tilsæt hvidløg og grønne løg, rør rundt og steg i 5 minutter.

2. Tilsæt fisken og steg i 4 minutter på hver side.

3. Tilsæt citronsaft, drys med parmesan, kog i yderligere 2 minutter, fordel mellem tallerkener og server.

Ernæringsoplysninger:Kalorier: 275, Fedt: 22,1 g, Kulhydrater: 18,2 g, Protein: 12 g, Sukker: 0,34 g, Natrium: 285,4 mg

Sprøde hvidløgsrejer

Portioner: 4

Tilberedningstid: 10 minutter

Ingredienser:

1 pund rejer, pillet og renset

2 teskefulde hvidløgspulver

Peber efter behov

¼ kop mel

Madlavningsspray

Indikationer:

1. Krydr rejerne med hvidløgspulver og peber.

2. Drys med mel.

3. Spray friturekurven med olie.

4. Tilføj rejerne til friturekurven.

5. Bag ved 400 grader F i 10 minutter, vend én gang halvvejs gennem bagningen.

Cremet havbarsblanding Portioner: 4

Ingredienser:

1 spiseskefuld hakket persille

2 spsk avocado olie

1 c. kokoscreme

1 spiseskefuld Limesaft

1 hakket gult løg

¼ teskefuld sort peber

4 udbenede havaborrefileter

Indikationer:

1. Varm en pande op med olien ved middel varme, tilsæt løget, rør rundt og steg i 2 minutter.

2. Tilsæt fisken og steg i 4 minutter på hver side.

3. Tilsæt resten af ingredienserne, lad det hele koge i yderligere 4 minutter, fordel mellem tallerkener og server.

Ernæringsoplysninger:Kalorier: 283, Fedt: 12,3 g, Kulhydrater: 12,5 g, Protein: 8 g, Sukker: 6 g, Natrium: 508,8 mg

Agurk Ahi Poke

Portioner: 4

Tilberedningstid: 0 minutter

Ingredienser:

Åh Poke:

1 pund (454 g) ahi sushi tun, skåret i 1-tommers terninger 3 spiseskefulde kokosnødde aminosyrer

3 skalotteløg, skåret i tynde skiver

1 serrano peber, uden kerner og hakket (valgfrit) 1 tsk olivenolie

1 tsk riseddike

1 tsk ristede sesamfrø

hakket ingefær

1 stor avocado i tern

1 agurk, skåret ½ tomme tykkeIndikationer:

1. Lav ahi-poken: Bland ahi-tunterningerne med kokosnødaminos, skalotteløg, serrano-chiles (valgfrit), olivenolie, eddike, sesamfrø og ingefær i en stor skål.

2. Dæk skålen med plastfolie og lad den marinere i køleskabet i 15 minutter

3. Tilsæt avocado i tern til ahi poke skålen og rør rundt for at inkorporere.

4. Anret agurkeskiverne på et serveringsfad. Hæld ahi poken over agurken og server.

Ernæringsoplysninger:kalorier: 213; fedt: 15,1 g; protein: 10,1 g; kulhydrater: 10,8 g; fiber: 4,0 g; sukker: 0,6 g; natrium: 70 mg

Cremet Tilapia

Portioner: 4

Ingredienser:

2 spsk Frisk hakket koriander

¼ c. fedtfattig mayonnaise

Friskkværnet sort peber

¼ c. frisk citronsaft

4 tilapiafileter

½ c. fedtfattig revet parmesan

½ tsk Hvidløgs pulver

Indikationer:

1. I en skål kombineres alle ingredienser undtagen tilapiafileter og koriander.

2. Overtræk bøfferne jævnt med mayonnaiseblandingen.

3. Læg bøfferne på stor alufolie. Pak aluminiumsfolie rundt om fileterne for at forsegle.

4. Læg aluminiumsfolie i bunden af en stor slow cooker.

5. Sæt slowcookeren på lav.

6. Dæk til og kog i 3-4 timer.

7. Server med korianderpynt.

Ernæringsoplysninger:Kalorier: 133,6, Fedt: 2,4 g, Kulhydrater: 4,6 g, Protein: 22 g, Sukker: 0,9 g, Natrium: 510,4 mg

Havaborre med ingefær

Portioner: 4

Ingredienser:

4 udbenede havaborrefileter

2 spsk olivenolie

1 tsk revet ingefær

1 spiseskefuld hakket koriander

sort peber

1 spiseskefuld balsamicoeddike

Indikationer:

1. Varm en pande op med olien på middel varme, tilsæt fisken og lad den stege i 5 minutter på hver side.

2. Tilsæt resten af ingredienserne, kog i yderligere 5 minutter, fordel mellem tallerkener og server.

Ernæringsoplysninger:Kalorier: 267, Fedt: 11,2 g, Kulhydrater: 1,5 g, Protein: 23 g, Sukker: 0,78 g, Natrium: 321,2 mg

Kokos rejer

Portioner: 4

Tilberedningstid: 6 minutter

Ingredienser:

2 æg

1 kop usødet tørret kokosnød

¼ kop kokosmel

¼ tsk rød peber

En knivspids cayennepeber

½ tsk havsalt

En knivspids friskkværnet sort peber

¼ kop kokosolie

1 pund (454 g) rå rejer, pillet, renset og tørretIndikationer:

1. Pisk æggene i en lille, lav skål, til de er luftige. At lade være

2. Kombiner kokos, kokosmel, paprika, cayenne, havsalt og sort peber i en separat skål og rør, indtil det er godt blandet.

3. Dyp rejerne i det sammenpiskede æg, og overtræk derefter rejerne i kokosblandingen. Ryst overskydende af.

4. Varm kokosolien op i en stor stegepande ved middelhøj varme.

5. Tilsæt rejerne, og kog i 3-6 minutter, under omrøring af og til, eller indtil kødet er helt rosa og uigennemsigtigt.

6. Overfør de kogte rejer til en tallerken beklædt med køkkenrulle til afdrypning. Serveres varm.

Ernæringsoplysninger:kalorier: 278; fedt: 1,9 g; protein: 19,2 g; kulhydrater: 5,8 g; fiber: 3,1 g; sukker: 2,3 g; natrium: 556 mg

Svinekød med græskar og muskatnød

Portioner: 4

Tilberedningstid: 35 minutter

Ingredienser:

1 lb. braiseret svinekød i tern

1 butternut squash, skrællet og skåret i tern

1 gult løg, hakket

2 spsk olivenolie

2 fed hvidløg, hakket

½ tsk garam masala

½ tsk muskatnød, stødt

1 tsk chiliflager, knust

1 spsk balsamicoeddike

En knivspids havsalt og sort peber

Indikationer:

1. Varm en pande op med olien ved middelhøj varme, tilsæt løg og hvidløg og steg i 5 minutter.

2. Tilsæt kødet og steg i yderligere 5 minutter.

3. Tilsæt resten af ingredienserne, rør rundt, kog ved middel varme i 25 minutter, fordel mellem tallerkener og server.

Ernæringsoplysninger:kalorier 348, fedt 18,2, fibre 2,1, kulhydrater 11,4, protein 34,3

Ris med rejer med smør og citron

portioner: 3

Tilberedningstid: 10 minutter

Ingredienser:

¼ kop kogte vilde ris

½ tsk Smør, delt

¼ teskefuld olivenolie

1 kop rå rejer, pillede, afvinede, drænet ¼ kop frosne ærter, optøet, skyllet, drænet

1 spiseskefuld friskpresset citronsaft

1 spiseskefuld purløg, hakket

Lidt havsalt efter smag

Indikationer:

1. Hæld ¼ tsk. Smør og olie i wok ved middel varme. Tilsæt rejer og ærter. Sauter indtil rejerne bliver koralrosa, ca. 5-7

minutter

2. Tilsæt de vilde ris og kog til de er gennemvarme, smag til med salt og smør.

3. Overfør til en tallerken. Drys med purløg og citronsaft.

At tjene.

Ernæringsoplysninger:Kalorier 510 Kulhydrater: 0 g Fedt: 0 g Proteiner: 0 g

Rejer og limeflader med zucchini og majs
Portioner: 4

Tilberedningstid: 20 minutter

Ingredienser:

1 spsk ekstra jomfru olivenolie

2 små zucchini, skåret i ¼-tommers terninger

1 kop frosne majskerner

2 skalotteløg, skåret i tynde skiver

1 tsk salt

½ tsk stødt spidskommen

1/2 tsk chipotle peberpulver

1 pund pillede rejer, optøet evt

1 spsk finthakket frisk koriander

Skal og saft af 1 lime

Indikationer:

1. Forvarm ovnen til 400 ° F. Smør bageplade med olie.

2. Kombiner zucchini, majs, skalotteløg, salt, spidskommen og chilipulver i bageformen og bland godt. Arranger i et enkelt lag.

3. Tilsæt rejer på toppen. Steg på 15-20 minutter.

4. Tilsæt koriander, limeskal og saft, rør rundt og server.

Ernæringsoplysninger:Kalorier 184 Fedt i alt: 5 g Total kulhydrater: 11 g Sukker: 3 g Fiber: 2 g Protein: 26 g Natrium: 846 mg

Blomkålssuppe

Portioner: 10

Tilberedningstid: 10 minutter

Ingredienser:

¾ kop vand

2 teskefulde olivenolie

1 løg, i tern

1 hoved blomkål, kun blomster

1 dåse sød kokosmælk

1 tsk gurkemeje

1 tsk ingefær

1 tsk rå honning

Indikationer:

1. Læg alle fikseringerne i en stor gryde og kog i cirka 10 minutter

2. Brug en stavblender til at purere og gøre suppen jævn.

At tjene.

Ernæringsoplysninger:Totale kulhydrater 7 g Kostfibre: 2 g Netto kulhydrater: Protein: 2 g Totalt fedt: 11 g Kalorier: 129

Sorte bønneburgere med søde kartofler

Portioner: 6

Tilberedningstid: 10 minutter

Ingredienser:

1/2 jalapeño, frøet og skåret i tern

1/2 kop quinoa

6 fuldkorns hamburgerboller

1 dåse sorte bønner, skyllet og drænet

Olivenolie/kokosolie, til madlavning

1 sød kartoffel

1/2 kop rødløg, i tern

4 spiseskefulde glutenfri havregryn

2 fed hvidløg, hakket

2 tsk krydret Cajun-krydderi

1/2 kop hakket koriander

1 tsk spidskommen

Spirer

salt efter smag

Peber, nok

Til cremen:

2 spsk hakket koriander

1/2 moden avocado, skåret i tern

4 spsk fedtfattig creme fraiche / naturlig græsk yoghurt 1 tsk limejuice

Indikationer:

1. Skyl quinoaen under koldt vand. Kom en kop vand i en gryde og varm den op. Tilsæt quinoaen og bring det i kog.

2. Læg låg på, og lad det simre, indtil alt vandet er absorberet, cirka 15 minutter.

3. Sluk for varmen og luft quinoaen med en gaffel. Kom derefter quinoaen over i en skål og lad den køle af i 5-10 minutter.

4. Prik kartoflerne med en gaffel og sæt dem derefter i mikroovnen i et par minutter, til de er kogte og bløde. Når kartoflen er kogt, skræl den og lad den køle af.

5. Tilsæt den kogte kartoffel til en foodprocessor sammen med 1 dåse sorte bønner, ½ kop hakket koriander, 2 tsk Cajun-krydderi, ½ kop

kop hakket løg, 1 tsk spidskommen og 2 fed hakket hvidløg.

Bland indtil en homogen blanding opnås. Overfør til en skål og tilsæt den kogte quinoa.

6. Tilsæt havregryn/havreklid. Bland godt og form 6 frikadeller. Læg frikadellerne på en bageplade og stil dem på køl i cirka en halv time.

7. Kom alle flødeingredienserne i en foodprocessor. Blend indtil glat. Smag til med salt efter smag og opbevar i køleskabet.

8. Smør en pande med olie og varm den op ved middel varme.

Kog hver side af kartoflerne, indtil de er gyldne, kun 3 til 4 minutter.

Server med fløde, spirer, rundstykker og sammen med dine yndlings toppings.

Ernæringsoplysninger:206 kalorier 6 g fedt 33,9 g i alt kulhydrater 7,9 g protein

Kokossvampesuppe

Portioner: 3

Tilberedningstid: 10 minutter

Ingredienser:

1 spsk kokosolie

1 spsk malet ingefær

1 kop cremini-svampe, hakkede

½ tsk gurkemeje

2 1/2 dl vand

½ kop kokosmælk på dåse

Havsalt efter smag

Indikationer:

1. Varm kokosolien op ved middel varme i en stor gryde og tilsæt svampene. Kog i 3-4 minutter.

2. Sæt de resterende fikseringer og kog. Lad det simre i 5 minutter.

3. Fordel mellem tre suppeskåle og nyd!

Ernæringsoplysninger:Kulhydrater i alt 4 g Kostfibre: 1 g Protein: 2 g Fedt i alt: 14 g Kalorier: 143

Frugtsalat om vinteren

portioner: 6

Tilberedningstid: 0 minutter

Ingredienser:

4 kogte søde kartofler, i tern (1-tommers terninger) 3 pærer, i tern (1-tommers terninger)

1 kop druer, halveret

1 æble i tern

½ kop halverede pekannødder

2 spsk olivenolie

1 spsk rødvinseddike

2 spiseskefulde rå honning

Indikationer:

1. Bland olivenolie, rødvinseddike og derefter rå honning for at lave dressingen og sæt til side.

2. Kombiner de hakkede frugter, søde kartofler og pecan-halvdelene og del i seks skåle. Klæd hver skål med dressingen.

Ernæringsoplysninger:Kulhydrater i alt 40 g Kostfibre: 6 g Protein: 3 g Fedt i alt: 11 g Kalorier: 251

Honning kyllingelår med gulerødder

Portioner: 4

Tilberedningstid: 50 minutter

Ingredienser:

2 spsk usaltet smør, stuetemperatur 3 store gulerødder, skåret i tynde skiver

2 fed hvidløg, hakket

4 udbenede kyllingelår med skind

1 tsk salt

½ tsk tørret rosmarin

¼ tsk friskkværnet sort peber

2 skeer honning

1 kop hønsebouillon eller grøntsagsbouillon

Citronbåde, til servering

Indikationer:

1. Forvarm ovnen til 400° F. Smør bageplade med smør.

2. Arranger gulerødder og hvidløg i et enkelt lag på bagepladen.

3. Læg kyllingen med skindsiden opad oven på grøntsagerne og smag til med salt, rosmarin og peber.

4. Kom honningen ovenpå og tilsæt fonden.

5. Rist på 40-45 minutter. Fjern og lad hvile 5

minutter og server med citronbåde.

Ernæringsoplysninger:Kalorier 428 Fedt i alt: 28 g Total kulhydrater: 15 g Sukker: 11 g Fiber: 2 g Protein: 30 g Natrium: 732 mg

Kalkun chili

portioner: 8

Tilberedningstid: 4 timer og 10 minutter

Ingredienser:

1 pund malet kalkun, helst 99% magert

2 dåser røde kidneybønner, skyllet og drænet (15 ounce hver) 1 rød peber, hakket

2 dåser ketchup (15 oz hver)

1 dåse skåret indenlandsk jalapeño peberfrugt, drænet (16 oz) 2 dåser små tomater, skåret i tern (15 oz hver) 1 spsk spidskommen

1 gul peberfrugt, groft hakket

2 dåser sorte bønner, helst skyllet og drænet (15 ounce hver) 1 kop majs, frosset

2 skeer chilipulver

1 spsk olivenolie

Sort peber og salt efter smag

1 mellemstor løg, skåret i tern

Grønt løg, avocado, revet ost, græsk yoghurt/creme fraiche, til slut, valgfri

Indikationer:

1. Varm olien op til den er varm i en stor stegepande. Når det er færdigt, læg forsigtigt kalkunen i den varme pande og kog indtil den er gyldenbrun. Hæld kalkunen i bunden af slow cookeren, helst 6 liter.

2. Tilsæt jalapeños, majs, peberfrugt, løg, tomater i tern, tomatsauce, bønner, spidskommen og chilipulver. Rør rundt og smag til med salt og peber.

3. Dæk til og kog i 6 timer ved lav varme eller 4 timer ved høj varme.

Server med valgfri toppings og nyd.

Ernæringsoplysninger:kcal 455 Fedtstoffer: 9 g Fiber: 19 g Proteiner: 38 g

Linsesuppe med krydderier

Portioner: 5

Tilberedningstid: 25 minutter

Ingredienser:

1 kop gult løg (i tern)

1 kop gulerod (i tern)

1 kop majroe

2 spsk ekstra jomfru olivenolie

2 spsk balsamicoeddike

4 kopper babyspinat

2 kopper brune linser

¼ kop frisk persille

Indikationer:

1. Forvarm trykkogeren over middel varme og tilsæt olivenolie og grøntsagerne.

2. Efter 5 minutter tilsættes bouillon, linser og salt i gryden og lad det simre i 15 minutter.

3. Tag låget af og tilsæt spinat og eddike.

4. Rør suppen i 5 minutter og sluk for varmen.

5. Pynt med frisk persille.

Ernæringsoplysninger:Kalorier 96 Kulhydrater: 16 g Fedtstoffer: 1 g Proteiner: 4 g

Hvidløg kylling og grøntsager

portioner: 4

Tilberedningstid: 45 minutter

Ingredienser:

2 teskefulde ekstra jomfru olivenolie

1 porre, kun hvid del, skåret i tynde skiver

2 store zucchini, skåret i ¼-tommer skiver

4 udbenede kyllingebryst med skind på

3 fed hvidløg, hakket

1 tsk salt

1 tsk tørret oregano

¼ tsk friskkværnet sort peber

½ glas hvidvin

Saft af 1 citron

Indikationer:

1. Forvarm ovnen til 400 ° F. Smør bageplade med olie.

2. Kom porre og courgetter på bakken.

3. Læg kyllingen med skindsiden opad og drys med hvidløg, salt, oregano og peber. Tilsæt vinen.

4. Rist på 35-40 minutter. Fjern og lad hvile i 5 minutter.

5. Tilsæt citronsaft og server.

Ernæringsoplysninger:Kalorier 315 Fedt i alt: 8 g Total kulhydrater: 12 g Sukker: 4 g Fiber: 2 g Protein: 44 g Natrium: 685 mg

Røget laksesalat

Portioner: 4

Tilberedningstid: 20 minutter

Ingredienser:

2 babyfennikelløg, skåret i tynde skiver, et par blade reserveret 1 spsk saltede babykapers, skyllet og drænet ½ kop almindelig yoghurt

2 spsk hakket persille

1 spsk citronsaft, friskpresset

2 spsk frisk purløg, hakket

1 spsk hakket frisk estragon

180 g hakket røget laks, lidt salt

½ rødløg, skåret i tynde skiver

1 tsk citronskal, fint revet

½ kop franske grønne linser, skyllet

60 g frisk babyspinat

½ avocado, skåret i skiver

En knivspids granuleret sukker

Indikationer:

1. Kom vand i en stor gryde med vand og kog op ved moderat varme. Når kogning; kog linser møre, 20 minutter; dræn godt af.

2. Forvarm imens en pande over høj varme.

Dryp fennikelskiverne med lidt olie og kog indtil de er møre, ca

minutter på hver side.

3. Kom purløg, persille, yoghurt, estragon, citronskal og kapers i en foodprocessor, indtil det er grundigt blandet, og smag til med peber.

4. Kom løget med sukker, saft og lidt salt i en stor skål. Stil til side i et par minutter og dræn derefter.

5. Kom linserne sammen med løg, fennikel, avocado og spinat i en stor skål. Fordel det jævnt mellem tallerkener og pynt derefter med fisken. Drys med de resterende fennikelblade og mere frisk persille. Drys med Green Goddess Krydderi. God fornøjelse.

Ernæringsoplysninger:kcal 368 Fedtstoffer: 14 g Fiber: 8 g Proteiner: 20 g

Shawarmabønnesalat

portioner: 2

Tilberedningstid: 20 minutter

Ingredienser:

For at forberede salaten

20 pita chips

5 ounce forårssalat

10 cherrytomater

¾ kop frisk persille

¼ kop rødløg (hakket)

Til kikærterne

1 spsk olivenolie

1 spsk spidskommen og gurkemeje

½ skefuld rød peber og korianderpulver 1 knivspids sort peber

½ Dårligt kosher salt

¼ tsk malet ingefær og kanel

For at forberede dressingen

3 fed hvidløg

1 spsk tørbor

1 spsk limesaft

vandfald

½ kop hummus

Indikationer:

1. Sæt en rist i den forvarmede ovn (204°C). Bland kikærterne med alle krydderierne og krydderurterne.

2. Læg et tyndt lag kikærter på bagepladen og bag i næsten 20 minutter. Kog indtil bønnerne er gyldenbrune.

3. For at forberede dressingen skal du kombinere alle ingredienserne i en skål og blande. Tilsæt vand gradvist for at opnå den rette blødhed.

4. Bland alle urter og krydderier for at forberede salaten.

5. Til servering tilsættes chips og pitabønner til salaten og dryp med dressing.

Ernæringsoplysninger:Kalorier 173 Kulhydrater: 8 g Fedt: 6 g Proteiner: 19 g

Stegte ris med ananas

portioner: 4

Tilberedningstid: 20 minutter

Ingredienser:

2 gulerødder, skrællet og revet

2 grønne løg, skåret i skiver

3 spsk sojasovs

1/2 kop skinke, i tern

1 spsk sesamolie

2 kopper dåse/frisk ananas, skåret i tern

1/2 tsk malet ingefær

3 kopper brune ris, kogte

1/4 tsk hvid peber

2 spsk olivenolie

1/2 kop frosne ærter

2 fed hvidløg, hakket

1/2 kop frosne majs

1 løg, i tern

Indikationer:

1. Kom 1 spsk sesamolie, 3 spsk sojasovs, 2 knivspids hvid peber og 1/2 tsk malet ingefær i en skål. Bland godt og stil til side.

2. Forvarm olien i en gryde. Tilsæt hvidløg og hakket løg.

Kog i cirka 3-4 minutter, under omrøring ofte.

3. Tilsæt 1/2 kop frosne ærter, strimlede gulerødder og 1/2 kop frosne majs.

Rør til grøntsagerne er møre, kun et par minutter.

4. Rør sojasovsblanding, 2 kopper ananas i tern, 1/2 kop hakket skinke, 3 kopper kogte brune ris og snittede grønne løg.

Kog i cirka 2-3 minutter, under omrøring ofte. Tjene!

Ernæringsoplysninger:252 kalorier 12,8 g fedt 33 g i alt kulhydrater 3 g protein

Linse suppe

portioner: 2

Tilberedningstid: 30 minutter

Ingredienser:

2 gulerødder, mellemstore og i tern

2 spsk Citronsaft, frisk

1 spiseskefuld Gurkemeje pulver

1/3 kop linser, kogte

1 spiseskefuld Hakkede mandler

1 stilk selleri, skåret i tern

1 bundt friskhakket persille

1 gult løg, stort og hakket

Sort peber, friskkværnet

1 pastinak, medium og hakket

½ tsk Spidskommen pulver

3 1/2 dl vand

½ tsk Pink Himalaya salt

4 grønkålsblade, groft hakket

Indikationer:

1. Til at starte med skal du lægge gulerødder, pastinakker, en spiseskefuld vand og løget i en medium gryde ved middel varme.

2. Kog grøntsagsblandingen i 5 minutter under omrøring af og til.

3. Tilsæt herefter linser og krydderier. Kombiner godt.

4. Hæld derefter vandet i gryden og bring blandingen i kog.

5. Skru nu ned for varmen og lad det simre i 20 minutter

6. Sluk for varmen og fjern fra varmen. Tilsæt grønkål, citronsaft, persille og salt.

7. Bland derefter godt, indtil det hele er samlet.

8. Dæk med mandlerne og server varm.

Ernæringsoplysninger:Kalorier: 242 Kcal Proteiner: 10 g Kulhydrater: 46 g
Fedtstoffer: 4 g

Lækker tunsalat

portioner: 2

Tilberedningstid: 15 minutter

Ingredienser:

2 dåser vandpakket tun (5 oz hver), ¼ kop drænet mayonnaise

2 spsk frisk basilikum, hakket

1 spsk citronsaft, friskpresset

2 spsk brændt rød peber, ¼ kop hakket kalamata eller blandede oliven, hakket

2 store vin-modne tomater

1 spsk kapers

2 spsk rødløg, hakket

Peber og salt efter smag

Indikationer:

1. Tilføj alle ingredienser (undtagen tomater) sammen i en stor skål; bland ingredienserne godt, indtil de er godt blandet.

Skær tomaterne i seks dele og åbn dem derefter forsigtigt. Hæld forberedt tun salat blanding i midten; server med det samme og nyd dit måltid.

Ernæringsoplysninger:kcal 405 Fedtstoffer: 24 g Fiber: 3,2 g Proteiner: 37 g

Aioli med æg

portioner: 12

Tilberedningstid: 0 minutter

Ingredienser:

2 æggeblommer

1 hvidløg, revet

2 spsk vandfald

½ kop ekstra jomfru olivenolie

¼ kop citronsaft, friskpresset, uden kerner ¼ tsk. havsalt

En knivspids cayennepeberpulver

Lidt hvid peber efter smag

Indikationer:

1. Kom hvidløg, æggeblommer, salt og vand i blenderen; bearbejde indtil glat. Hæld olivenolien i, indtil dressingen emulgerer.

2. Tilsæt resten af ingredienserne. Smag; juster eventuelt krydderiet.

Hæld i en lufttæt beholder; brug efter behov.

Ernæringsoplysninger:Kalorier 100 Kulhydrater: 1 g Fedt: 11 g Proteiner: 0 g

Spaghetti med urtesvampesauce Ingredienser:

200 gram cirka en generøs portion af en pakke tynd hvedespaghetti*

140 gram rene udskårne svampe 12-15 stykker *

¼ kop fløde

3 kopper mælk

2 spsk olivenolie plus 2 teskefulde olie eller smeltet margarine til at inkludere en halv 1,5 spsk mel

½ kop hakket løg

¼ til ½ kop sprød cheddar-parmesanost

Et par små stykker sort peber

salt efter smag

2 tsk tørret eller frisk timian*

Buket friske chiffonade basilikumblade

Indikationer:

1. Kog pastaen lidt fastere som anvist på pakken.

2. Mens pastaen koger, skal vi i gang med at forberede saucen.

3. Varm de 3 kopper mælk i mikroovnen i 3 minutter eller på komfuret, indtil det bliver til en gryderet.

4. Opvarm samtidig 2 spsk olie i en slip-let pande over medium varme og kog de skivede svampe. Kog ca 2

minutter

5. Fra første øjeblik vil svampene dræne lidt vand, så i det lange løb vil det fordampe, og hver enkelt bliver frisk.

6. Sænk i øjeblikket varmen til medium inklusive løgene og lad det stege i 1 øjeblik.

7. Medtag nu 2 teskefulde blød smørbar creme og drys med mel.

8. Bland i 20 sekunder.

9. Tilsæt den varme mælk under konstant omrøring til en jævn sauce.

10. Når saucen tykner, det vil sige den bliver til en gryderet, sluk for varmen.

11. Indeholder i øjeblikket ¼ kop revet parmesan cheddar ost. Blend indtil glat. I 30 sekunder.

12. Indeholder i øjeblikket salt, peber og timian.

13. Prøv det. Skift smagen om nødvendigt.

14. Imens skal pastaen koge lidt længere.

15. Si det varme vand i et dørslag. Hold hanen åben og hæld koldt vand for at stoppe kogningen, dræn alt vandet ud og smid det væk med saucen.

16. Hvis du ikke skal spise med det samme, skal du ikke blande pastaen med saucen. Hold dejen adskilt, dækket med olie og sæt.

17. Serveres varm med endnu et drys cheddar-parmesanost.

Tak skal du have!

Miso og shitakesuppe med skalotteløg

Portioner: 4

Tilberedningstid: 45 minutter

Ingredienser:

2 spsk sesamolie

1 kop tynde skiver shiitake-svampehætter

1 fed hvidløg, hakket

1 stykke (1 1/2 tommer) frisk ingefær, skrællet og skåret 1 kop mellemkornet brun ris

½ tsk salt

1 spiseskefuld hvid miso

2 skalotteløg, skåret i tynde skiver

2 spsk finthakket frisk korianderIndikationer:

1. Varm olien op ved middelhøj varme i en stor gryde.

2. Tilsæt svampe, hvidløg og ingefær og svits indtil svampene begynder at blive bløde, cirka 5 minutter.

3. Sæt risene og rør rundt, så de dækkes med olie jævnt. Tilsæt 2 dl vand og salt og bring det i kog.

4. Kog ved svag varme i 30-40 minutter. Brug lidt bouillon til at blødgøre misoen, og rør derefter gryden, indtil den er godt blandet.

5. Rør skalotteløg og koriander i og server derefter.

Ernæringsoplysninger:Kalorier 265 Fedt i alt: 8 g Total kulhydrater: 43 g Sukker: 2 g Fiber: 3 g Protein: 5 g Natrium: 456 mg

Grillet omelet med hvidløg og persillekrydderi

Portioner: 8

Tilberedningstid: 25 minutter

Ingredienser:

3 1/2 pund ørredfilet, gerne havørred, udbenet, skind på

4 fed hvidløg, skåret i tynde skiver

2 spsk kapers, groft hakket

½ kop fladbladede persilleblade, friske

1 rød peberfrugt, gerne lang; tynde skiver 2 spsk citronsaft, ½ kop friskpresset olivenolie

Citronbåde, til servering

Indikationer:

1. Pensl tortillaen med cirka 2 spsk olie; Sørg for, at alle sider er godt belagt. Forvarm grillen ved høj varme, gerne med hætten lukket. Reducer varmen til medium; læg den overtrukne tortilla på grillen, gerne med skindsiden opad. Kog indtil delvist kogt og gyldent, et par minutter. Vend forsigtigt

tortillaen; kog indtil kogt, 12-15 minutter, med hætten lukket. Overfør bøffen til et stort serveringsfad.

2. Opvarm imens den resterende olie; lad hvidløg simre i en lille gryde, indtil det lige er gennemvarmet; hvidløget begynder at skifte farve. Fjern og tilsæt kapers, citronsaft og chili.

Smag tortillaen til med den tilberedte dressing og drys derefter med de friske persilleblade. Server straks med friske citronbåde, nyd dit måltid.

Ernæringsoplysninger:kcal 170 Fedtstoffer: 30 g Fiber: 2 g Proteiner: 37 g

Blomkål og karry kikærteruller:

1 frisk ingefær

2 fed hvidløg

1 dåse kikærter

1 rødløg

8 ounce blomkålsbuketter

1 tsk Garam Masala

2 spsk rodstivelse

1 citron

1 pakke frisk koriander

1/4 kop vegansk yoghurt

4 wraps

3 spiseskefulde revet kokos

4 ounce babyspinat

1 spiseskefuld vegetabilsk olie

1 tsk salt og peber efter smag

Indikationer:

1. Forvarm komfuret til 205 ° C. Skræl og hak 1 tsk ingefær. Hak hvidløget. Dræn og vask kikærterne. Pil og hak rødløget fint. Flæk citronen.

2. Dæk en opvarmet pande med 1 spiseskefuld vegetabilsk olie. I en stor skål kombineres hakket ingefær, hvidløg, saften af en stor citron, kikærter, rødløg i tern, blomkålsbuketter, garam masala, risstivelse og 1/2 tsk salt. Overfør til gryden og steg indtil blomkålen er mør og brunet nogle steder, cirka 20 til 25 minutter.

3. Hak korianderblade og sarte stilke. I en lille skål blandes koriander, yoghurt, 1 spsk citronsaft og en knivspids salt og peber sammen.

4. Beklæd indpakningerne med aluminiumsfolie og sæt dem i ovnen til opvarmning i cirka 3 til 4 minutter.

5. Placer en lille slip-let pande over medium varme og tag den revet kokos med. Rist skålen regelmæssigt, indtil den er mør, cirka 2 til 3 minutter.

6. Fordel babyspinaten og det kogte grønt mellem de varme wraps. Læg blomkålskikærtepapiret på store tallerkener og dryp med koriandersaucen.

Boghvede nudelsuppe

portioner: 4

Tilberedningstid: 25 minutter

Ingredienser:

2 kopper Bok Choy, hakket

3 spiseskefulde tamari

3 buketter boghvede spaghetti

2 kopper edamame bønner

7 oz. Shiitakesvampe, hakkede

4 kopper vand

1 tsk revet ingefær

Knivspids salt

1 fed hvidløg, revet

Indikationer:

1. Kom først vand, ingefær, sojasovs og hvidløg i en middel gryde ved middel varme.

2. Bring ingefær- og sojasovsblandingen i kog, og tilsæt derefter edamame og shiitake.

3. Fortsæt med at koge i yderligere 7 minutter eller indtil de er møre.

4. Kog derefter soba-nudlerne i henhold til instruktionerne: der står på pakken, indtil de er kogte. Vask og afdryp godt.

5. Tilføj nu bok choy til shiitake blandingen og kog i endnu et minut, eller indtil bok choy er visnet.

6. Fordel til sidst soba-nudlerne i skåle og top med svampeblandingen.

Ernæringsoplysninger:Kalorier: 234 Kcal Proteiner: 14,2 g Kulhydrater: 35,1 g Fedtstoffer: 4 g

Laksesalat

portioner: 1

Tilberedningstid: 0 minutter

Ingredienser:

1 kop økologisk cola

1 æske vildlaks

½ avocado, skåret i skiver

1 spsk olivenolie

1 tsk dijonsennep

1 tsk havsalt

Indikationer:

1. Start med at blande olivenolie, dijonsennep og havsalt i en skål for at lave dressingen. At lade være

2. Saml salaten med rucola som bund og pynt med laks og skiver avocado.

3. Smag til med dressingen.

Ernæringsoplysninger:Kulhydrater i alt 7 g Kostfibre: 5 g Protein: 48 g Fedt i alt: 37 g Kalorier: 553

Grøntsagsdukke

portioner: 4

Tilberedningstid: 40 minutter

Ingredienser:

1 spiseskefuld kokosolie

2 kopper grønkål, revet

2 stilke selleri i tern

½ af 15 oz. dåse hvide bønner, afdryppet og skyllet 1 løg, stort og i tern

¼ teskefuld sort peber

1 gulerod, medium og i tern

2 kopper blomkål, skåret i buketter

1 tsk Gurkemeje, malet

1 tsk havsalt

3 fed hvidløg, hakket

6 kopper grøntsagsbouillon

Indikationer:

1. For at starte, opvarm olien i en stor gryde over medium-lav varme.

2. Tilsæt løget i gryden og svits i 5 minutter eller indtil det er blødt.

3. Tilsæt gulerod og selleri i gryden og fortsæt med at koge i yderligere 4 minutter, eller indtil grøntsagerne er blevet bløde.

4. Tilsæt nu gurkemeje, hvidløg og ingefær til blandingen. bland godt

5. Kog grøntsagsblandingen i 1 minut eller indtil duftende.

6. Hæld derefter grøntsagsfonden i sammen med salt og peber og bring blandingen i kog.

7. Når det begynder at koge, tilsættes blomkålen. Reducer varmen og lad grøntsagsblandingen simre i 13 til 15 minutter, eller indtil blomkålen er blevet blød.

8. Til sidst tilsættes bønner og kål. Kog i 2 minutter.

9. Serveres varm.

Ernæringsoplysninger:Kalorier 192 Kcal Proteiner: 12,6 g Kulhydrater: 24,6 g Fedtstoffer: 6,4 g

Rejer i hvidløg og citron

portioner: 4

Tilberedningstid: 15 minutter

Ingredienser:

1½ pund rejer, kogte eller dampede

3 spsk hvidløg, hakket

¼ kop citronsaft

2 spsk olivenolie

¼ kop persille

Indikationer:

1. Tag en lille pande og sæt den på medium varme, tilsæt hvidløg og olie og rør i 1 minut.

2. Tilsæt persille, citronsaft og smag til med salt og peber.

3. Tilsæt rejerne i en stor skål og flyt pandeblandingen over rejerne.

4. Afkøl og server.

Ernæringsoplysninger: Kalorier: 130 Fedtstoffer: 3 g Kulhydrater: 2 g Proteiner: 22 g

Forårsrulle ingredienser:

frisk salat, knækkede eller hakkede stykker

skiver af avocado, valgfrit

SOJA SESAMSAUS

1/4 kop sojasovs

1/4 kop koldt vand

1 spsk mayonnaise (skønsmæssigt, dette gør saucen fløjlsagtig)

1 tsk frisk limesaft

1 tsk sesamolie

1 tsk sriracha sauce eller en hvilken som helst varm sauce (valgfrit)Indikationer:

1. medium tomat (frøet og skåret 1/4" tykke) 2. baconstykker, kogte

3. frisk basilikum, mynte eller forskellige krydderurter

4. rispapir

Kold soba med misosauce Ingredienser:

6 oz bønne soba nudler

1/2 kop revet gulerødder

1 kop frossen afskallet edamame, optøet 2 persiske agurker, skåret i skiver

1 kop hakket koriander

1/4 kop sesamfrø

2 spsk mørke sesamfrø

Hvid Miso Dressing (gør 2 kopper)

2/3 kop hvid miso lim

Saft af 2 mellemstore citroner

4 spiseskefulde riseddike

4 spsk ekstra jomfru olivenolie

4 spiseskefulde presset appelsin

2 spsk friskkværnet ingefær

2 spiseskefulde ahornsirup

Indikationer:

1. Kog soba-nudlerne i henhold til grupperingsretningslinjerne (pas på ikke at koge for meget, ellers vil de klæbe og hænge sammen). Dræn godt og kom over i en stor skål 2. Tilsæt revne gulerødder, edamame, agurk, koriander og sesamfrø

3. For at forberede dressingen, kombiner alle fikseringerne i en blender. Blend indtil glat

4. Hæld den ønskede mængde krydderier over nudlerne (vi brugte ca. halvanden kop)

Bagte blomkåls- og bøffelstykker

Portioner: 2

Tilberedningstid: 35 minutter

Ingredienser:

¼ kop vand

¼ kop bananmel

En knivspids salt og peber

1 medium blomkål, skåret i små stykker ½ kop varm sauce

2 spsk smør, smeltet

Blåskimmelost eller ranchdressing (valgfrit)

Indikationer:

1. Forvarm ovnen til 425° F. I mellemtiden beklæder en bageplade med aluminiumsfolie.

2. Kom vand, mel og lidt salt og peber i en stor skål.

3. Bland godt, indtil der opnås en homogen blanding.

4. Tilsæt blomkålen; rør for at dække godt.

5. Overfør blandingen til gryden. Bag i 15 minutter, vend én gang.

6. Mens dette koger, kombineres den varme sauce og smør i en lille skål.

7. Hæld saucen over det kogte blomkål.

8. Sæt det kogte blomkål tilbage i ovnen og steg i yderligere 20 minutter minutter

9. Server straks med ranchdressing ved siden af, hvis det ønskes.

Ernæringsoplysninger:Kalorier: 168 Fedtstoffer: 5,6 g Proteiner: 8,4 g Kulhydrater: 23,8 g Fiber: 2,8 g

Hvidløg kyllingeflad med basilikum og tomat

Portioner: 4

Tilberedningstid: 30 minutter

Ingredienser:

½ medium gult løg

2 spsk olivenolie

3 fed hakket hvidløg

1 kop basilikum (fint hakket)

1 lb udbenet kyllingebryst

14,5 oz italienske hakkede tomater

salt og peber

4 mellemstore courgetter (rullet i pasta) 1 spsk hakket rød peber

2 spsk olivenolie

Indikationer:

1. Hak kyllingestykkerne med en pande for hurtig tilberedning. Drys salt, peber og olie over kyllingestykkerne og mariner begge sider af kyllingen ligeligt.

2. Steg kyllingestykkerne på en stor varm pande i 2-3 minutter på hver side.

3. Steg løget i samme gryde, til det er gyldent. Tilsæt tomater, basilikumblade og hvidløg.

4. Kog ved svag varme i 3 minutter og kom alle krydderierne og kyllingen i gryden.

5. Anret på tallerkenen sammen med salte zoodles.

Ernæringsoplysninger:Kalorier 44 Kulhydrater: 7 g Fedtstoffer: 0 g Proteiner: 2 g

Portioner af cremet gurkemeje blomkålssuppe:

4

Tilberedningstid: 15 minutter

Ingredienser:

2 spsk ekstra jomfru olivenolie

1 porre, kun hvid del, skåret i tynde skiver

3 kopper blomkålsbuketter

1 fed pillet hvidløg

1 stykke (1¼ tommer) frisk ingefær, skrællet og skåret i skiver 1 1/2 tsk gurkemeje

½ tsk salt

¼ tsk friskkværnet sort peber

¼ teskefuld stødt spidskommen

3 kopper grøntsagsbouillon

1 kop fuld fedt: kokosmælk

¼ kop finthakket frisk koriander

Indikationer:

1. Varm olien op ved høj varme i en stor gryde.

2. Brun porren på 3-4 minutter.

3. Tilsæt blomkål, hvidløg, ingefær, gurkemeje, salt, peber og spidskommen og sauter i 1 til 2 minutter.

4. Kom bouillonen i og kog op.

5. Lad det simre i 5 minutter.

6. Purér suppen med en stavblender, indtil den er jævn.

7. Rør kokosmælk og koriander i, varm op og server.

Ernæringsoplysninger:Kalorier 264 Fedt i alt: 23 g Total kulhydrater: 12 g Sukker: 5 g Fiber: 4 g Protein: 7 g Natrium: 900 mg

Brune ris med søde kartofler, champignon og kål

Portioner: 4

Tilberedningstid: 50 minutter

Ingredienser:

¼ kop ekstra jomfru olivenolie

4 kopper grofthakkede grønkålsblade

2 porrer, kun hvide dele, skåret i tynde skiver

1 kop skivede svampe

2 fed hvidløg, hakket

2 kopper skrællede søde kartofler skåret i ½ tomme tern 1 kop brune ris

2 kopper grøntsagsbouillon

1 tsk salt

¼ tsk friskkværnet sort peber

¼ kop friskpresset citronsaft

2 spsk finthakket frisk fladbladet persille**Indikationer:**

1. Varm olien op ved høj varme.

2. Tilsæt kål, porrer, svampe og hvidløg og sauter indtil de er bløde, cirka 5 minutter.

3. Tilsæt søde kartofler og ris og steg i cirka 3 minutter.

4. Tilsæt bouillon, salt og peber og bring det i kog. Kog ved lav varme mellem 30 og 40

minutter

5. Kombiner citronsaft og persille, og server derefter.

Ernæringsoplysninger: Kalorier 425 Fedt: 15 g Samlet kulhydrat: 65 g Sukker: 6 g Fiber: 6 g Protein: 11 g Natrium: 1045 mg

Bagt tilapia med pekannødder og rosmarin

Portioner: 4

Tilberedningstid: 20 minutter

Ingredienser:

4 tilapia fileter (4 ounce hver)

½ tsk brun farin eller kokospalmesukker 2 tsk friskhakket rosmarin

1/3 kop rå pekannødder, hakket

En knivspids cayennepeber

1½ tsk olivenolie

1 stor æggehvide

1/8 tsk salt

1/3 kop panko brødkrummer, gerne fuldkorn<u>Indikationer:</u>

1. Forvarm ovnen til 350F.

2. Bland pekannødderne med rasp, kokossukker, rosmarin, cayennepeber og salt i et lille ovnfast fad. Tilsæt olivenolien; kaste.

3. Kog i cirka 7-8 minutter, indtil blandingen er lys gyldenbrun.

4. Drej varmen til 400 F og beklæd en stor glasfad med madlavningsspray.

5. Pisk æggehviden på pladen. Arbejd i partier; dyp fisken (en tilapia ad gangen) i æggehviden, og læg derefter pecan-blandingen let i. Læg de tildækkede bøffer i gryden.

6. Pres den resterende pekannødblanding ud over tilapiafileterne.

7. Kog i 8-10 minutter. Server straks og nyd.

Ernæringsoplysninger:kcal 222 Fedtstoffer: 10 g Fiber: 2 g Proteiner: 27 g

Omelet med sorte bønner

portioner: 2

Tilberedningstid: 0 minutter

Ingredienser:

¼ kop majs

1 håndfuld frisk basilikum

½ kop raket

1 spiseskefuld næringsgær

¼ kop sorte bønner på dåse

1 fersken, skåret i skiver

1 tsk limesaft

2 glutenfri tortillas

Indikationer:

1. Fordel bønner, majs, rucola og ferskner mellem de to tortillas.

2. Top hver tortilla med halvdelen af den friske basilikum og limesaft<u>Ernæringsoplysninger:</u>Kulhydrater i alt 44 g Kostfibre: 7 g Protein: 8 g Fedt i alt: 1 g Kalorier: 203

Hvidbønnekylling med vintergrøntsager

Portioner: 8

Tilberedningstid: 45 minutter

Ingredienser:

4 fed hvidløg

1 spsk olivenolie

3 mellemstore pastinakker

1 kg små kyllingetern

1 tsk spidskommen pulver

2 lave og 1 grønne del

2 gulerødder (i tern)

1 ¼ hvide bønner (udblødt natten over)

½ tsk tørret oregano

2 tsk kosher salt

Koriander blade

1 1/2 spsk stødt ancho chili

Indikationer:

1. Kog hvidløg, porrer, kylling og olivenolie i en stor gryde ved middel varme i 5 minutter.

2. Tilsæt nu gulerødder og pastinakker og efter blanding i 2 minutter tilsættes alle dressingens ingredienser.

3. Rør indtil der begynder at komme parfume ud.

4. Tilsæt nu bønnerne og 5 kopper vand til gryden.

5. Bring det i kog og skru ned for varmen.

6. Lad det simre i næsten 30 minutter og pynt med persille og korianderblade.

Ernæringsoplysninger:Kalorier 263 Kulhydrater: 24 g Fedt: 7 g Protein: 26 g

Portioner af bagt laks med krydderurter

portioner: 2

Tilberedningstid: 15 minutter

Ingredienser:

10 oz. Laksefilet

1 tsk Olivenolie

1 tsk honning

1 tsk Estragon, frisk

1/8 tsk salt

2 teskefulde Dijon sennep

¼ teskefuld Fargola, tør

¼ teskefuld Oregano, tørret

Indikationer:

1. Forvarm ovnen til 425°F.

2. Bland derefter alle ingredienser undtagen laksen i en mellemstor skål.

3. Hæld nu denne blanding jævnt over laksen.

4. Læg derefter laksen med skindsiden nedad på bagepladen beklædt med bagepapir.

5. Kog til sidst i 8 minutter eller til fisken er kogt.

<u>Ernæringsoplysninger:</u>Kalorier: 239 Kcal Proteiner: 31 g Kulhydrater: 3 g Fedtstoffer: 11 g

Kyllingesalat med græsk yoghurt

Ingredienser:

Hakket kylling

grønt æble

rødløg

selleri

tørrede blåbær

Indikationer:

1. Blandet græsk yoghurt kyllingeportion er en fantastisk idé til at forberede frokosten. Du kan putte det i en håndværkschokoladebar og spise netop det, eller du kan putte det i en super prep-beholder med flere grøntsager, chips osv. Her er nogle serveringstips.

2. På toast

3. I en omelet med salat

4. Med chips eller salt

5. På noget isbjergsalat (valg af lavt kulhydratindhold!)

Kikærtesalat

Ingredienser:

1 avocado

1/2 citron sprød

1 dåse (19 oz) brugte kikærter

1/4 kop rødløg i tern

2 kopper hakkede cherrytomater

2 kopper agurk i tern

1/2 kop sprød persille

3/4 kop grøn chili i tern

få tøj på

1/4 kop olivenolie

2 spsk rødvinseddike

1/2 tsk spidskommen

salt og peber

Indikationer:

1. Skær avocadoen i 3D-firkanter og kom dem i skålen. Pres saften af 1/2 citron over avocadoen og vend forsigtigt sammen.

2. Tilsæt den resterende del af de blandede vegetabilske ingredienser og vend forsigtigt sammen.

3. Stil på køl mindst en time før servering.

Valenciansk salat

portioner: 10

Tilberedningstid: 0 minutter

Ingredienser:

1 tsk Kalamata oliven i olie, udstenede, lidt drænet, halveret, julienerede

1 hoved, lille romainesalat, skyllet, tørret, skåret i små stykker

½ stykke, lille skalotteløg, revet

1 tsk Dijon sennep

½ lille satsuma eller mandarin, kun frugtkød

1 tsk Hvidvinseddike

1 tsk ekstra jomfru oliven olie

1 knivspids frisk timian, hakket

En knivspids havsalt

Lidt sort peber efter smag

Indikationer:

1. Kombiner eddike, olie, frisk timian, salt, sennep, sort peber og honning, hvis du bruger. Pisk godt, indtil dressingen er let emulgeret.

2. Bland de resterende salatingredienser til en salatdressing.

3. Dryp med dressing, når den er klar til servering. Server straks med 1 skive surdejsbrød uden sukker eller salt.

Ernæringsoplysninger:Kalorier 238 Kulhydrater: 23 g Fedt: 15 g Protein: 8 g

Særlig energisuppe

Rationer:4

Tilberedningstid: 20 minutter

Ingredienser:

¼ kop ekstra jomfru olivenolie

2 porrer, kun hvide dele, skåret i tynde skiver

1 fennikel, skrællet og skåret i tynde skiver

1 fed pillet hvidløg

1 bundt Chard, groft hakket

4 kopper grofthakket kål

4 kopper grofthakket sennep

3 kopper grøntsagsbouillon

2 spiseskefulde æblecidereddike

1 tsk salt

¼ tsk friskkværnet sort peber

¼ kop hakkede cashewnødder (valgfrit)

Indikationer:

1. Varm olien op ved høj varme i en stor gryde.

2. Tilsæt porrer, fennikel og hvidløg og steg indtil de er bløde, cirka 5 minutter.

3. Tilsæt mangold, grønkål og sennep og sauter, indtil det er visnet, 2 til 3 minutter.

4. Kom bouillonen i og kog op.

5. Lad det simre i 5 minutter.

6. Rør eddike, salt, peber og cashewnødder (hvis du bruger).

7. Purér suppen med en stavblender, indtil den er jævn og server.

Ernæringsoplysninger:Kalorier 238 Fedt i alt: 14 g Total kulhydrater: 22 g Sukker: 4 g Fiber: 6 g Protein: 9 g Natrium: 1294 mg

Laks, miso og grønne bønner

portioner: 4

Tilberedningstid: 25 minutter

Ingredienser:

1 spsk sesamolie

1 pund grønne bønner, hakket

1 pund skind-on laksefileter, skåret i 4 fileter ¼ kop hvid miso

2 tsk glutenfri soja- eller tamarisauce 2 skalotteløg, skåret i tynde skiver

Indikationer:

1. Forvarm ovnen til 400 ° F. Smør bageplade med olie.

2. Læg de grønne bønner, derefter laksen oven på de grønne bønner og pensl hvert stykke med misoen.

3. Rist på 20-25 minutter.

4. Dryp med tamari, drys med skalotteløg og server.

Ernæringsoplysninger:Kalorier 213 Fedt i alt: 7 g Total kulhydrat: 13 g Sukker: 3 g Fiber: 5 g Protein: 27 g Natrium: 989 mg

Porre, kylling og spinatsuppe

portioner: 4

Tilberedningstid: 15 minutter

Ingredienser:

3 spiseskefulde usaltet smør

2 porrer, kun hvide dele, skåret i tynde skiver

4 kopper babyspinat

4 kopper hønsebouillon

1 tsk salt

¼ tsk friskkværnet sort peber

2 kopper strimlet stegt kylling

1 spiseskefuld tyndt skåret frisk purløg

2 tsk revet eller hakket citronskal

Indikationer:

1. Smelt smørret ved høj varme i en stor gryde.

2. Tilsæt porrerne og sauter, indtil de er bløde og begynder at blive brune, 3

på 5 minutter.

3. Tilsæt spinat, bouillon, salt og peber og lad det koge ind.

4. Lad det simre i 1 eller 2 minutter.

5. Tilsæt kyllingen og steg i 1 eller 2 minutter.

6. Drys med purløg og citronskal og server.

Ernæringsoplysninger:Kalorier 256 Fedt i alt: 12 g Total kulhydrater: 9 g Sukker: 3 g Fiber: 2 g Protein: 27 g Natrium: 1483 mg

Mørke chokoladebomber

portioner:24

Tilberedningstid: 5 minutter

Ingredienser:

1 kop fløde

1 kop blødgjort flødeost

1 tsk vaniljeessens

1/2 kop mørk chokolade

2 oz. stevia

Indikationer:

1. Smelt chokoladen i en skål ved at varme den op i mikroovnen.

2. Pisk resten af ingredienserne i en blender, til det er luftigt, og tilsæt derefter den smeltede chokolade.

3. Bland godt, og del derefter blandingen i en muffinform beklædt med muffinkopper.

4. Stil på køl i 3 timer.

5. Server.

Ernæringsoplysninger:Kalorier 97 Fedt 5 g, Kulhydrater 1 g, Protein 1 g, Fiber 0 g

Italiensk fyldte peberfrugter

Portioner: 6

Tilberedningstid: 40 minutter

Ingredienser:

1 tsk hvidløgspulver

1/2 kop mozzarella, strimlet

1 pund magert hakkebøf

1/2 kop parmesan

3 peberfrugter, halveret på langs, uden stilke, frø og ribben

1 pakke (10 oz) frossen spinat

2 kopper marinara sauce

1/2 tsk salt

1 tsk italiensk krydderi

Indikationer:

1. Beklæd en bageplade beklædt med aluminiumsfolie med nonstick-spray. Læg peberfrugterne på bagepladen.

2. Tilsæt kalkunen til en slip-let pande og kog over medium varme, indtil den ikke længere er lyserød.

3. Når næsten kogt, tilsæt 2 kopper marinara sauce og krydderier. Kog i cirka 8-10 minutter.

4. Tilsæt spinaten sammen med 1/2 kop parmesan. Rør indtil godt blandet.

5. Tilsæt 1/2 kop af kødblandingen til hver peberfrugt og del osten mellem dem alle: Forvarm ovnen til 450F.

6. Kog peberfrugterne i cirka 25-30 minutter. Afkøl og server.

Ernæringsoplysninger:150 kalorier 2g fedt 11g i alt kulhydrater 20g protein

Røget omelet pakket ind i salat

Portioner: 4

Tilberedningstid: 45 minutter

Ingredienser:

¼ kop saltede kartofler

1 kop cherrytomater

½ kop basilikumblade

16 små til mellemstore salatblade

1/3 kop sød asiatisk peber

2 gulerødder

1/3 kop skalotteløg (tynde skiver)

¼ kop tynde skiver jalapeños

1 skefuld sukker

2-4,5 oz skindfri røget ørred

2 spsk frisk limesaft

1 agurk

Indikationer:

1. Skær gulerødder og agurk i tynde strimler.

2. Mariner disse grøntsager i 20 minutter med sukker, fiskesauce, limesaft, skalotteløg og jalapeños.

3. Tilsæt tortillastykkerne og andre krydderurter til denne grøntsagsblanding og bland.

4. Si vandet fra blandingen af grøntsager og tortillas og rør igen for at kombinere.

5. Læg salatbladene på en tallerken og top med tortillasalaten.

6. Pynt denne salat med peanuts og chilisauce.

Ernæringsoplysninger:Kalorier 180 Kulhydrater: 0 g Fedt: 12 g Protein: 18 g

Deviled Egg Salat:

12 store æg

1/4 kop hakket grønt løg

1/2 kop skåret selleri

1/2 kop hakket rød peber

2 spsk dijonsennep

1/3 kop mayonnaise

1 spsk juice, hvidvin eller sherryeddike 1/4 tsk tabasco eller anden varm sauce (mere eller mindre efter smag) 1/2 tsk rød peber (mere eller mindre efter smag) 1/2 tsk sort peber (mere eller mindre til smag)) 1/4 tsk salt (mere efter smag)

Indikationer:

1. Opvarm æggene igen: Den nemmeste metode til at lave hårdkogte æg, som ikke er svære at fjerne, er at dampe dem.

Fyld en gryde med 1 tomme vand og tilsæt en skæppe til damp. (Hvis du ikke har en steamer skæppe, er det fint.) 2. Varm vandet op til kogepunktet, læg forsigtigt æggene i dampkogeren eller direkte i gryden. Fordel gryden. Indstil uret til 15 minutter. Dræn æggene og lad dem køle af i isvand.

3. Forbered æg og grøntsager: Hak æggene groft og kom dem i en stor skål. Tilsæt det grønne løg, selleri og rød peber.

4. Forbered den blandede grøntsagsret: Kombiner mayonnaise, sennep, eddike og tabasco i en lille skål. Bland forsigtigt mayonnaisesaucen i skålen med æg og grøntsager. Tilsæt paprika, salt og sort peber. Skift toppings som du vil.

Bagt kylling med sesam-tamari og grønne bønner

Portioner: 4

Tilberedningstid: 45 minutter

Ingredienser:

1 pund grønne bønner, hakket

4 udbenede kyllingebryst med skind på

2 skeer honning

1 spsk sesamolie

1 spsk glutenfri soja- eller tamarisauce 1 dl kyllinge- eller grøntsagsfond

Indikationer:

1. Forvarm ovnen til 400°F.

2. Læg de grønne bønner på en stor bageplade med rand.

3. Læg kyllingen med skindsiden opad oven på bønnerne.

4. Smag til med honning, olie og tamari. Tilsæt fonden.

5. Rist på 35-40 minutter. Fjern, lad hvile i 5 minutter og server.

Ernæringsoplysninger:Kalorier 378 Fedt i alt: 10 g Total kulhydrater: 19 g Sukker: 10 g Fiber: 4 g Protein: 54 g Natrium: 336 mg

Ingefær kyllingegryderet

portioner: 6

Tilberedningstid: 20 minutter

Ingredienser:

¼ kop kyllingelår, skåret i tern

¼ kop kogte ægnudler

1 grøn papaya, skrællet og skåret i tern

1 kop lav-natrium, fedtfattig kylling bouillon

1 ingefærmedaljon, skrællet, knust

en knivspids løgpulver

en knivspids hvidløgspulver, tilsæt mere hvis det ønskes

1 kop vand

1 tsk fiskesovs

en knivspids hvid peber

1 stykke varm peber, hakket

Indikationer:

1. Placer alle fikseringer i en stor hollandsk ovn ved høj varme. Koge.

Skru ned for varmen til den laveste indstilling. Læg låget på.

2. Lad gryderet koge i 20 minutter eller indtil papayaen er mør.

Sluk for ilden. Spis som de er eller med ½ kop kogte ris. Serveres varm.

Ernæringsoplysninger:Kalorier 273 Kulhydrater: 15 g Fedt: 9 g Protein: 33 g

Cremet garbanzo salat:

Blandet grøntsagsret

2 14-ounce dåser kikærter

3/4 kop gulerodsrørere

3/4 kop selleristænger

Små 3/4 kop peber shakers

1 hakket løg

1/4 kop rødløg shakers

1/2 stor avocado

200 g blød tofu

1 spiseskefuld æblecidereddike

1 spiseskefuld citronsaft

1 spsk dijonsennep

1 skefuld sød sauce

1/4 tsk røget paprika

1/4 tsk selleri frø

1/4 tsk sort peber

1/4 tsk sennepspulver

Havsalt efter smag

Lav en sandwich til os

Kultiveret integreret brød

Skær romatomaterne

Salat smøres

Indikationer:

1. Forbered og hak gulerødder, selleri, rød peber, rødløg og skalotteløg og kom i en lille skål. Sæt på et sikkert sted.

2. Brug en lille stavblender eller foodprocessor til at blende avocado, tofu, æblecidereddike, citronsaft og sennep, indtil det er glat.

3. Si og vask kurvene og læg dem i en mellemstor skål. Brug en kartoffelmoser eller en gaffel til at mos bønnerne, indtil de fleste af dem skilles ad og begynder at dannes efter den blandede grøntsagsfiskeret. Det behøver ikke at være så glat som færdigt og sejt. Krydr bønnerne med lidt salt og peber.

4. Tilsæt de hakkede grøntsager, avocado-tofu fløde og resterende smag og smag til og bland godt. Smag og modificer efter din tilbøjelighed.

www.ingramcontent.com/pod-product-compliance
Lightning Source LLC
Chambersburg PA
CBHW070416120526
44590CB00014B/1413

www.ingramcontent.com/pod-product-compliance
Lightning Source LLC
Chambersburg PA
CBHW070416120526
44590CB00014B/1413